交通土建类专业来华留学生专用教材
跟我学铁路系列丛书

铁 路 信 号
Railway Signalling

丛书主编　井国庆
主　　编　燕　飞

中国建材工业出版社

图书在版编目（CIP）数据

铁路信号 / 燕飞主编． — 北京：中国建材工业出版社，2023.6
（跟我学铁路系列丛书 / 井国庆主编）
ISBN 978-7-5160-3755-3

Ⅰ．①铁⋯ Ⅱ．①燕⋯ Ⅲ．①铁路信号 Ⅳ．①U284

中国国家版本馆 CIP 数据核字（2023）第 083677 号

内 容 简 介

本书主要阐述了铁路信号的基本概念、关键设备和技术发展趋势等内容。全书共分为九章，包括铁路信号概述、信号机的作用与类型、道岔和转辙机的功能与技术特点、轨道电路的概念和分类、区间闭塞系统原理、车站联锁系统功能与原理、列车运行控制系统功能和关键技术、调度集中系统的功能和原理以及铁路信号新技术等内容。

本书可供"一带一路"沿线国家来华留学生或者进行短期培训的铁路工程师使用，也可作为我方铁路建设工作者的学习参考书。

铁路信号
TIELU XINHAO
主编 燕 飞

出版发行：中国建材工业出版社
地　　址：北京市海淀区三里河路 11 号
邮　　编：100831
经　　销：全国各地新华书店
印　　刷：北京雁林吉兆印刷有限公司
开　　本：710mm×1000mm　1/16
印　　张：8.5
字　　数：160 千字
版　　次：2023 年 6 月第 1 版
印　　次：2023 年 6 月第 1 次
定　　价：39.80 元

本社网址：www.jccbs.com，微信公众号：zgjcgycbs
请选用正版图书，采购、销售盗版图书属违法行为
版权专有，盗版必究。 本社法律顾问：北京天驰君泰律师事务所，张杰律师
举报信箱：zhangjie@tiantailaw.com　　举报电话：(010)57811389
本书如有印装质量问题，由我社市场营销部负责调换，联系电话：(010)57811386

《跟我学铁路系列丛书》
编 委 会

丛书主编： 井国庆（北京交通大学 教授）

编　　委：（按姓氏笔画排序）

马仁听（广州铁路职业技术学院 院长）

朱小辉（包头铁道职业技术学院 院长）

任利成（山西铁道职业技术学院 院长）

刘彦青（北京交通大学国际教育学院 院长）

姚方元（湖南高速铁路职业技术学院 院长）

徐长节（华东交通大学 校长）

焦胜军（陕西铁路工程职业技术学院 党委书记）

童芸芸（浙江科技学院国际教育学院 院长）

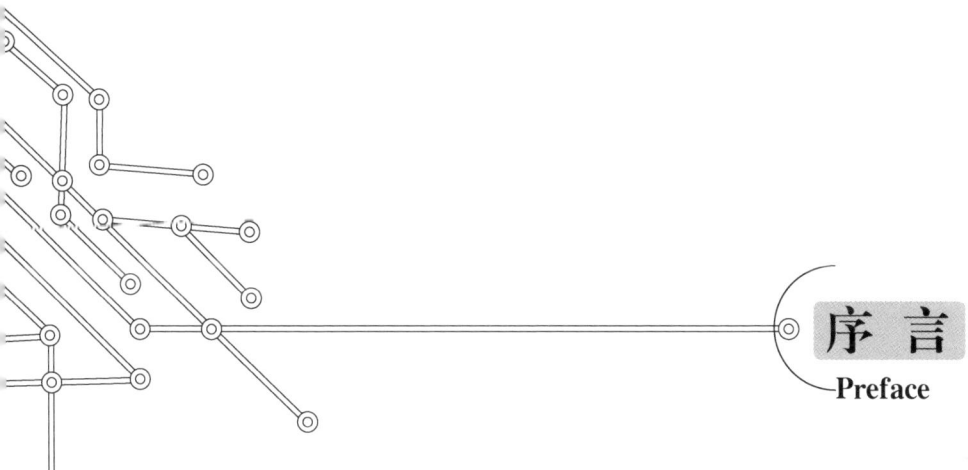

序 言
Preface

2023年是"一带一路"倡议提出十周年，《跟我学铁路系列丛书》（简称《丛书》）出版是一件喜事。

从事来华留学教育管理工作20年来，恰逢中国留学教育快速发展阶段，我非常幸运地参与并见证了北京交通大学轨道交通国际教育的发展壮大。随着中国铁路走出去，以及高铁名片影响力不断增大，学习铁路相关专业的留学生越来越多。学校建设了高铁双语教学虚拟现实实践平台，以满足学生对铁路相关词汇和知识的学习，但浅显易懂、图文并茂，能体现实用性、先进性的系列教材还是空白。

近年来，随着采用中国设备、中国标准、中国管理等不同模式的多条铁路进入运行，如亚吉铁路、蒙内铁路、雅万高铁等，铁路各专业人才的培养与培训需求增加，也将进一步推动相关教材的建设。

《丛书》既可以作为有汉语基础的人士快速学习铁路知识的自学教材，又可以作为对外汉语教师编写铁路专业汉语教材的参考书目，也可以用于海外企业员工的基本能力培训，还可以成为海外企业中国员工与本土员工共同学习及交流的媒介。

《丛书》一定会为从事铁路相关专业的人士所喜爱，成为中国铁路走出去的一座知识桥梁，为"一带一路"建设做出贡献。

北京交通大学国际教育学院　院长

2023年4月

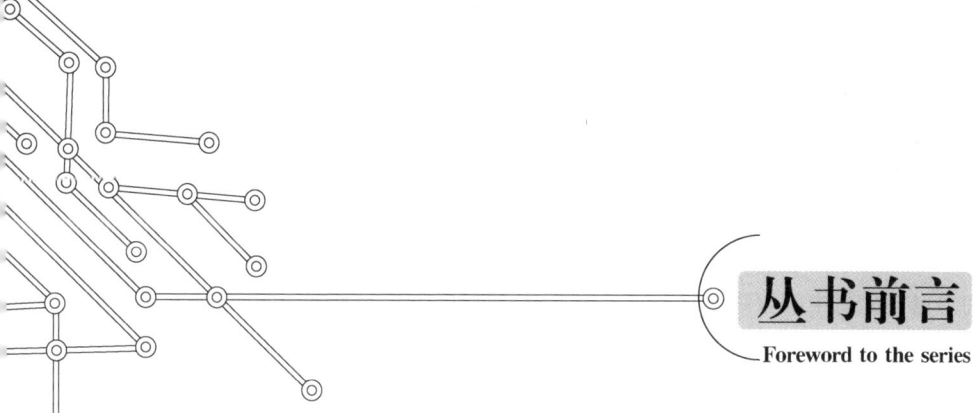

丛书前言
Foreword to the series

自2013年中国提出"一带一路"倡议以来,共建"一带一路"倡议得到越来越多的国家和国际组织的积极响应,影响力日益扩大。中国与"一带一路"沿线国家以政策沟通、设施联通、贸易畅通、资金融通、民心相通为重点,把理念转化为行动,把愿景转化为现实,不断造福沿线国家人民。

今年是"一带一路"倡议提出十周年,恰逢这一重要时刻,《跟我学铁路系列丛书》付梓,令人心情激动。铁路在"一带一路"设施互联互通中,发挥了至关重要的基础性和先导性作用,深受沿线国家的欢迎和期待。十年来,以中老铁路、中泰铁路、匈塞铁路、雅万高铁等合作项目为重点的区际、洲际铁路网络建设取得重大进展。泛亚铁路、巴基斯坦铁路、中吉乌铁路、中国—尼泊尔跨境铁路、中欧班列等合作取得积极进展。据测算,铁路合作直接催生的人才培养和培训需求超过30万人。

来自"一带一路"沿线国家的留学生来华学习铁路知识的热情持续高涨,北京交通大学已成为接收相关留学生的重要基地。自1996年开始,学校已为蒙古国培养了400多名专业留学生。100名肯尼亚留学生通过四年本科专业学习,回国后直接服务蒙内铁路(蒙巴萨至内罗毕铁路,由中国帮助肯尼亚建设,于2017年通车运营)的运维。马来西亚政府公务员管理局全额资助300名本国学生来校完成本科双学位学习,以服务马来西亚东海岸铁路项目的建设与后期运营管理。

在留学生培养过程中,我发现除蒙古国留学生外,其他国家的留学生大都采用英文教学,由于欠缺专业中文方面的学习衔接,导致他们对中国铁路的学习和后续的继续教育存在不足。这些留学生虽然通过了中国的汉语水平(HSK)考试,但是对铁路专业词汇了解得还不够深入,急需在其进入专业学习阶段之前,对铁路的基本词汇有所理解和掌握。这也是我十年前萌生组织编写本套丛书的初衷。

语言是连接不同文化的纽带,希望来华留学生能借助《跟我学铁路系列丛书》等专业资料,源源不断地学习中国铁路的技术和管理并付诸实践,与中国铁路工业界保持紧密联系和合作,服务于各国的铁路事业。

本丛书主要作为交通土建类相关专业来华留学生的专用教材,同时适用于中国铁路"走出去"后本土化员工的培训和学习。为了更好地服务海外学员,我们还将与企业合作开发专业的应用程序(APP),也计划通过版权合作、版权转让等方式,直接将本丛书推广到海外发行。

中国铁路技术的发展一日千里,铁路国际合作大踏步前行。我们深知本丛书还有一些不成熟和不完善的地方,希望读者或者使用教材的老师不吝赐教。让我们化知识为力量,助力中国铁路纵横四海,践行人类命运共同体理念,更好服务"一带一路"沿线各国人民。

北京交通大学　教授

井国庆

2023 年 4 月

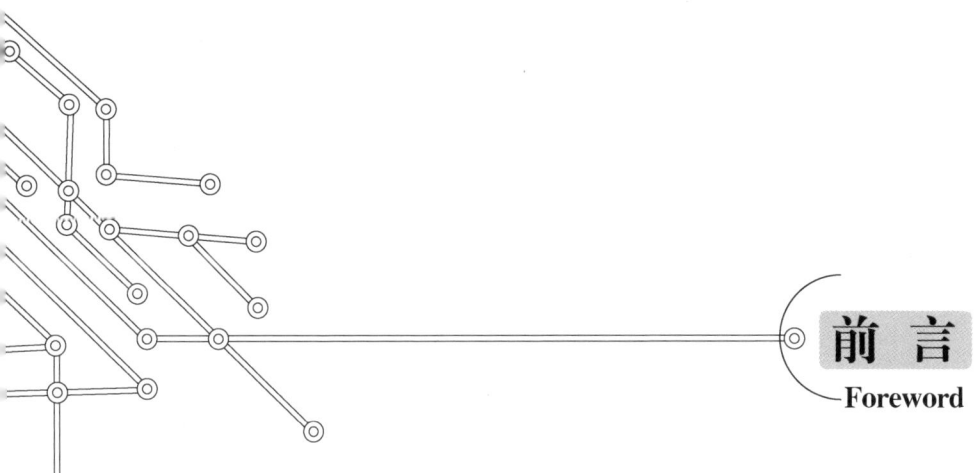

前言
Foreword

作为铁路交通系统的"大脑与神经中枢",铁路信号系统是集现代计算机、通信及控制技术、传统信号技术于一体,确保列车安全和高效运行的复杂安全控制系统。伴随着机械、继电、计算机及网络等四代信号系统的发展,铁路信号系统的自动化程度不断提高,技术和安全理念也在不断地发展演变。

铁路是以钢轨为导向、运送乘客和货物的陆路运输方式,钢轨在减少运动车体与地面摩擦、增大列车速度和运载能力的同时,也带来了制动力不足、制动距离过长的问题。因此,早在1825年英国建成世界上第一条铁路——斯托克顿—达灵顿(Stockton-Darlington)铁路并投入运营时,就在车站窗口以蜡烛烛光为指挥信号。这是历史上首次出现信号的概念。

科学技术的发展日新月异,不断有新技术进入铁路信号领域,涌现出了种类繁多的信号系统。按照技术特征的不同,信号系统可分为最初的机械式信号、基于继电逻辑的电气信号、基于电子技术的自动化信号,乃至工业4.0时代兴起的基于通信、人工智能的智能化信号系统和设备。本书通过介绍基本的信号设备以及运用在中国的信号机、转辙机、轨道电路、闭塞设备、联锁设备、列控设备和调度集中设备等内容,让来自国外的工程师和本科生能够掌握和运用基本的铁路信号知识和中文表达,熟悉基本的信号设备外观和基本的设备电路原理。

本书是面向外国留学生赴华研修轨道交通课程或者申请轨道交通相关学士学位而编写的《铁路信号》教材,也可作为"一带一路"项目所在国家工程师的培训教材。全书共分为九章,第一章是概论,介绍了铁路信号的作用、产生与发展;第二章讲述了信号的显示制度、显示距离和常用图形符号;第三章介绍了道岔、转辙机的功能与技术特点;第四章介绍了轨道电路的概念和分类;第五章介绍了区间闭塞系统,包括自动闭塞和半自动闭塞两种类型;第六章介绍了车站联锁系统,包括功能、类型和技术特点;第七章介绍了列车运行控制系统,包括功能、关键技术和我国常用的列控系统的分级制式;第八章介绍了调度集中系统的功能和工作原理;第九章介绍了铁路信号新技术,包括编队运行列车技术、列车碰撞防护技术、列车智能检测系统和全自动运行系统。

　　本书由燕飞编写,编写过程中得到北京交通大学井国庆教授的大力支持,宋围娜、赫聪聪、郭子薇、杨一鸣和董颖颖同学协助进行了资料收集和书稿整理工作,在此一并表示感谢。铁路信号技术发展迅速,书中难免存在疏漏和不足,欢迎专家和读者批评指正。

编　者

2023 年 2 月

目录 Contents

第一章 概论 Introduction ·················· 1
第一节 铁路信号的作用（Role of Railway Signalling）········· 1
第二节 铁路信号系统的产生与发展（Emergence and Development of Railway Signalling Systems）········· 3
第三节 信号基础设备（Signal Basic Equipment）········· 5

第二章 信号机 Signal ·················· 11
第一节 概述（Summary）········· 11
第二节 信号显示制度、显示方式与方法（Signal Display System, Display Mode and Method）········· 15
第三节 信号显示距离（Signal Display Distance）········· 19
第四节 信号显示等常用图形符号（Common Graphic Symbols such as Signal Display）········· 26

第三章 道岔和转辙机 Turnouts and Switch Machines ·················· 34
第一节 道岔（Turnouts）········· 34
第二节 电动转辙机（Electric Switch Machine）········· 37

第四章 轨道电路 Track Circuit ·················· 45
第一节 轨道电路的基本概念（Basic Concept of Track Circuit）········· 45
第二节 轨道电路的分类（Classification of Track Circuit）········· 47

第五章 区间闭塞系统 Section Block System ·················· 56
第一节 概述（Summary）········· 56
第二节 半自动闭塞（Semi-automatic Block）········· 56

　　　　第三节　自动闭塞（Automatic Block） ·········· 58

第六章　车站联锁系统 Station Interlocking System ·········· 66
　　　　第一节　车站联锁系统的发展
　　　　　　　（Development of Station Interlocking System） ·········· 66
　　　　第二节　计算机联锁系统结构和功能层次
　　　　　　　（Structure and Functional Hierarchy of Computer
　　　　　　　Interlocking System） ·········· 70

第七章　列车运行控制系统 Train Operation Control System ·········· 77
　　　　第一节　概述（Summary） ·········· 77
　　　　第二节　列车运行控制系统基本原理
　　　　　　　（Basic Principles of Train Control System） ·········· 78
　　　　第三节　列车控制系统的关键技术
　　　　　　　（Key Technologies of Train Control System） ·········· 80
　　　　第四节　中国高速列车运行控制系统
　　　　　　　（China's High-speed Train Operation Control System） ·········· 85

第八章　调度集中系统 Centralized Dispatch System ·········· 91
　　　　第一节　概述（Summary） ·········· 91
　　　　第二节　系统主要功能和工作原理
　　　　　　　（Main Functions and Working Principles of the System） ·········· 94

第九章　铁路信号新技术 New Railway Signal Technology ·········· 103
　　　　第一节　编队运行的列车群
　　　　　　　（Train Groups Operating in Formation） ·········· 103
　　　　第二节　列车碰撞防护技术
　　　　　　　（Vehicle Collision Protection Technology） ·········· 107
　　　　第三节　全自动运行系统（Fully Automatic Operation System） ·········· 111

参考文献 References ·········· 121

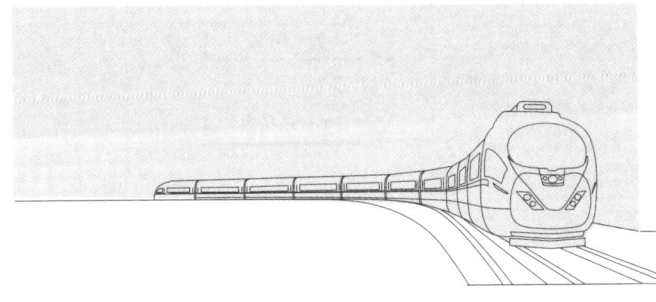

第 一 章

概 论
Introduction

第一节 铁路信号的作用 (Role of Railway Signalling)

信号 (signal)、联锁 (interlock)、闭塞 (block) 是铁路信号系统的三个基本组成部分,它为铁路列车运行提供了基本安全保障 (图 1-1～图 1-3)。铁路信号技术装备是保证行车安全、提高运输效率的重要设备,只有积极发展铁路信号技术,大力推进科技进步,才能更好地为行车安全、提高运输效率服务。

图 1-1 出站信号机

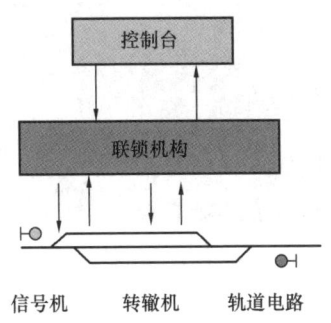

图 1-2 联锁关系示意图

铁路运输的基本任务是运送旅客,运送国民经济建设和工农业生产中所需要的货物。运输安全是运输业永恒的主题。另外,如何能使铁路运输效率提高也是运输业追求的目标。

影响铁路运输安全的因素可分为铁路外部因素和铁路内部因素两种。

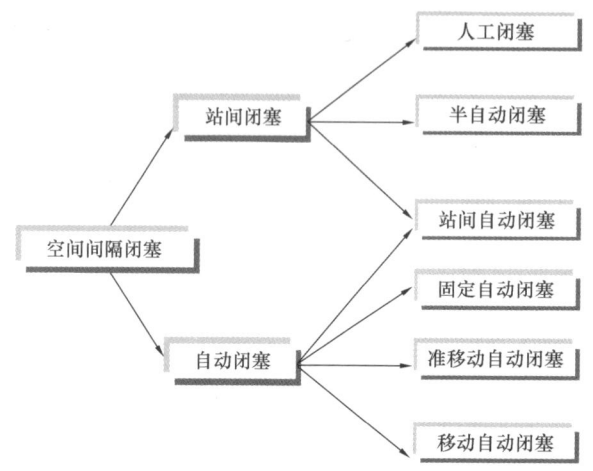

图 1-3　空间间隔闭塞分类示意图

一、铁路外部因素

铁路外部因素可以分为人为因素和自然灾害两部分。

人为因素：包括旅客携带危险物品、不法分子破坏线路和列车、道口机动车不按道口信号通行、汽车司机抢道行驶、偷盗铁路运营设备等（图 1-4）。

自然灾害：包括洪水冲垮线路、地震、塌方落石等（图 1-5）。

图 1-4　人为因素图例

图 1-5　自然灾害图例

二、铁路内部因素

铁路内部的因素主要表现为各种铁路设备的不良和违章作业两个方面。

影响铁路运输安全的因素非常复杂，况且发生的地点和时间又是随机的。根据当前的科学技术和经济条件，还不能全面地防止运输事故的发生，所以，仍需要加强安全管理，来消灭或减少运输事故。因此，安全技术是防止运输事故，特别是防止行车事故的有效手段，必须给予足够的重视和大力发展。即没有铁路信号，也就没有铁路运输的安全基础。

在运输实践中，即使在铁路线路、桥梁、机车和车辆等设备良好的情况下，也会发生列车冲突和颠覆事故。发生列车冲突的原因是两列或多列列车同时占用一个空间，或是由于道岔位置不正确而导致列车驶入导线而造成侧面冲撞。另外，列车超过了限制速度也会引起颠覆事故。

为保证安全，把铁路线路划分成若干段，每一段为一个空间，在一个空间内只允许一列列车按规定速度运行，要在划定的空间入口处设置信号机以指挥列车能否驶入该空间。信号机的开放，必须检查线路的空闲状态和线路状态是否良好，防止错误操作，使其与信号控制技术相结合，就构成了铁路信号安全系统，简称铁路信号（也是我们常说的信号、联锁、闭塞设备的总称），这也是"固定闭塞"的内涵所在。

铁路信号是对行车人员和与行车有关人员发出的指示列车运行和调车工作的命令，行车人员必须严格按照信号的指示执行。当铁路运输发展到高速、高密和重载的情况时，就增加了识别信号和驾驶的难度，甚至发生冒进信号的事故。如果仅靠视觉信号显示来保证行车安全就不能满足实际需要了，就要将视觉信号变换成电信号，作为列车速度控制系统的一个参量，即使在人工驾驶失控时，至少可防止列车冒进。于是就出现了自动停车、超速防护和速度自动调整等安全速度控制系统。这些安全速度控制系统必须符合"故障—安全"的原则，即系统发生故障时，必须使列车速度不得超过规定速度或降速至可停车。

总之，铁路信号系统是为了保证运输安全而诞生和发展的。系统的第一使命是保证行车安全，所以系统本身以"故障—安全"为原则。并且是一种实时控制系统，它必须十分可靠才能实现其功能。

第二节 铁路信号系统的产生与发展
(Emergence and Development of Railway Signalling Systems)

铁路信号设备最初是作为铁路行车的一种安全设施产生和发展起来的。列车在铁轨上运行，如果不依赖信号设备，司机需要靠视力来判断前行列车的速度及与本列车间隔的距离，同时根据本列车的速度来确定驾驶的状态。由于列车运行速度快、制动距离长，靠人的视力辨认已经不能保证行车安全了。类似于盲人走路，闭塞技术就像一个"拐棍"，先探知前方无障碍，然后前进，解决了基本的"视力"即安全问题。这个"拐棍"的发展就是区间信号的发展。

它经历了电话、电气路签、电气路牌闭塞，到后来的半自动闭塞、自动闭塞（automatic block）等方式，以解决前方障碍检查，用臂板、色灯信号机，以及后来使用的机车信号和司机室内直接允许速度显示等来解决信号辨认的问题。为防止司机疏忽，研制了自动停车、列车超速防护、列车自动控制等安全运行控制系统（图1-6）。

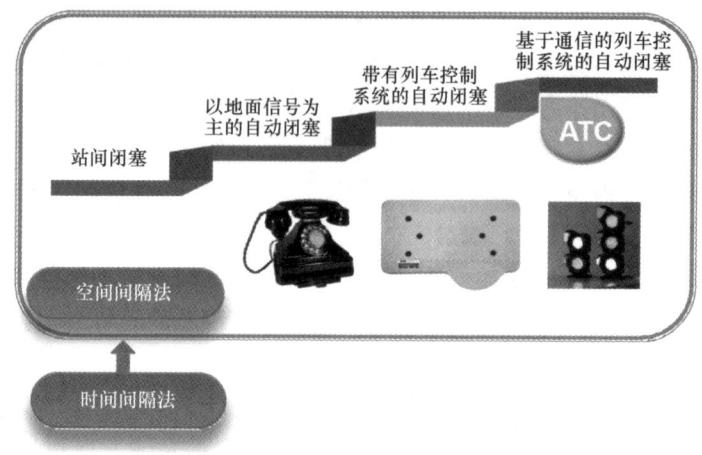

图 1-6 闭塞发展示意图（电话、电气路签、电气路牌闭塞）

随着无线、通信和查询应答器等技术的发展，更好地解决了车地间双向大信息量传输问题，提出多种先进的列车运行控制系统，它们完全掌握了前方线路的状态，解决了"视力"问题和列车闭环安全控制问题。由于列车速度快、制动距离长，信号机、道岔（turnout）、股道之间应建立联锁关系，防止因人员疏忽或设备故障影响运行安全。这种联锁技术经历了机械槽口技术、电气衔铁技术、安全型继电器技术时代，当前计算机联锁正在逐渐取代继电联锁。由于车辆去向的增多，开始出现大量调车作业，为了加速调车作业的速度，发明了驼峰调车作业方式。这包括快速道岔转辙机、减速器、减速顶、测速、测重、测阻、测长、进路控制等一系列基础技术（图 1-7）。

图 1-7 应答器示意图

第三节 信号基础设备（Signal Basic Equipment）

一、地面信号机

地面信号机全部采用透镜式色灯机构，且多灯组合，分矮柱与高柱（图1-8）。目前，这两种信号机的显示距离可满足160km/h以下列车对信号的确认。但在山区，由于弯道的影响，信号显示距离缩短，列车提速后，更增加了司机观望信号的困难，机车信号就显得更为重要了。另外，多灯组合的结构是为满足显示方式而设计的，灯位距离近，限制了多灯组合信号显示的发展。地面信号信息量的增加受到信号机的制约，区间信号最多实现四显示（增加绿—黄组合信号）。

图1-8 地面信号机（从左到右分别为高柱、矮柱）

二、道岔（turnout）转换设备

转辙机是转换设备的核心和主体，除转辙机本身外，还包括各类杆件和安装装置转辙机，是重要的信号基础设备，它对于保证行车安全，提高运输效率，改善行车人员的劳动强度，起着非常重要的作用。

ZD6系列电动转辙机是我国铁路使用最广泛的电动转辙机，已形成系列，包括A、B、C、D、E、F、G、H、I、J、K等派生型号，以及用于驼峰调车场的ZD7型快动转辙机。它采用内锁闭方式，用于非提速区段以及提速区段的侧线上（图1-9）。

在提速道岔上大量采用ZYJ7型电动液压转辙机。电动液压转辙机是采用电动机驱动、液压传动方式来转换道岔的一种转辙装置。液压式转辙机取消了齿轮传动和减速器，简化了机械结构，将机械磨损减至最低程度，减少了维修工作量，且适用于提速道岔（图1-10）。

图 1-9　ZD6 系统电动转辙机　　　　图 1-10　ZYJ7 型电动液压转辙机

三、轨道电路（Track Circuit）

轨道电路（track circuit）按分割方式可划分为有绝缘轨道电路和无绝缘轨道电路。

1. 有绝缘轨道电路。用钢轨（rail）绝缘将轨道电路与相邻的轨道电路互相隔离，大部分轨道电路是有绝缘的。

钢轨绝缘在车辆运行的冲击力、剪切力作用下很容易破损，使轨道电路的故障率较高。绝缘节的安装给无缝线路带来一定的麻烦，有时需锯轨，降低线路的轨道强度，增加线路维护的复杂性。电气化铁路的牵引回流不希望有绝缘节，为使牵引回流能绕过绝缘节，必须安装扼流变压器。因此有绝缘的轨道电路不理想。无缝线路和电气化铁路希望采用无绝缘轨道电路。

2. 无绝缘轨道电路。在其分界处不设钢轨绝缘，而采用不同的方法予以隔离。按原理可分为电气隔离式和自然衰耗式。

（1）电气隔离式。又称谐振式，利用谐振槽路，采用不同的信号频率、谐振回路对不同频率呈现不同阻抗，来实现相邻轨道电路间的电气隔离。UM71 轨道电路即采用此种方式。

（2）自然衰耗式。利用轨道电路的自然衰耗和不同的信号特征（频率、相位等），实现轨道电路的互相隔离，在接收端直接接收或通过电流传感器接收。钢轨中的电流可沿正、反两个方向自由传输，基本上靠轨道的自然衰耗作用来衰减信号。道口信号所用的道口控制器就采用这种方式的无绝缘轨道电路。

四、信号继电器

继电器是自动控制系统中常用的电器，它用于接通和断开电路，用以发布控制命令和反映设备状态，以构成自动控制和远程控制电路。铁路信号技术中广泛采用继电器，它是铁路信号系统中的重要部件，无论作为继电式信号系统的核心部件，还是作为计算机式信号系统的接口部件，都发挥着重要的作用。继电器动作的可靠性直接影响信号系统的可靠性和安全性（图 1-11）。

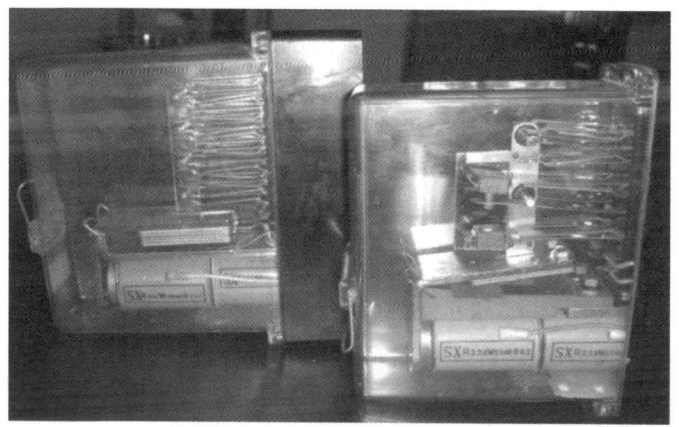

图 1-11 继电器示意图

专业词汇汉英对照（Glossary）

专业词汇	拼音	英文
信号	xìnhào	signal
联锁	liánsuǒ	interlock
闭塞	bìsè	block
自动闭塞	zìdòng bìsè	automatic block
道岔	dàochà	turnout
轨道电路	guǐdào diànlù	track circuit
钢轨	gāngguǐ	rail

思考题（Questions）

1. 简述铁路信号的作用。
2. 铁路运输安全与铁路信号之间的关系是什么？
3. 谈谈你对信号显示制式的理解。
4. 目前你对中国铁路信号的现状是怎样理解的。

拓展阅读（Extensive Reading）

最早的铁路是没有信号的。因为当时的列车质量有限、速度不快，所以停车所需的距离（称为制动距离）不长，在司机的视力范围内。司机可以凭自己的瞭望来判断前方线路的条件，进而决定是否需要减速。随着列车质量更重、速度变得更快，制动所需距离也变得更长，司机的视力就变得不够用了，就需要他人（人工信号）或他物（自动信号）来提供关于线路条件的"预警信息"：司机在看到前方的列车或危险（如断轨）之前，先看到信号。

城轨地铁信号系统的发展可分成三个阶段：人工信号阶段、自动信号阶段和机车信号阶段。

一、人工信号

轨道交通信号起源于英国。最早的信号只有前进、停车两种。列车运行时，一位头戴绅士礼帽、身穿黑色大衣的铁路员工骑马在前，一边跑一边指挥列车司机。人工信号包括手灯、手旗、明火、声笛等多种形式，属于移动信号，因为信号员的位置是变化的。

1832年，美国开始在车站上设置信号机，为站与站之间传送信息。信号机上挂有果篮状的东西，外面包白布或黑布，吊在10m高的柱子上，这个信号叫球信号。当列车从车站发车时，发车站将白球挂在柱顶，指示列车已出发。接车站将白球挂在中间，指示列车进站停车，将白球挂在柱顶，指示列车通过；将白球挂在柱下，指示列车停在站外。若发车站将黑球挂在柱顶，则表示列车晚点。由于当时站间还没有通信手段，相邻车站用航海望远镜观察，根据球信号的颜色和位置向司机传送信号。从那个时代起，信号机已经开始起到闭塞机的作用，只不过两站间闭塞关系靠人工保证，而不是靠设备保证。

另外，还有固定信号，即信号员在沿线的固定位置向司机显示相关信号。此时，人工信号的具体体现除了人工信号外，还可以是固定于轨旁、由信号员手动操控的臂板信号机或色灯信号机。

用一块长方形的板子模拟人的手臂，以板子的不同位置模拟人的不同手势，传递不同的信息，就形成了臂板信号机。臂板信号的局限之一是在夜间不易观察。如果用不同颜色的灯光来传递不同的信息（即色灯信号机），就能克服这一局限（图1-12、图1-13）。

这个阶段，主要是依靠信号工的眼睛观测（传感器），通过人控制的信号给司机传递行车命令（传输），由信号工控制列车间隔。列车完全由司机驾驶，并负责列车的运行安全。

图 1-12 臂板信号机

图 1-13 色灯信号机

二、自动信号（半自动闭塞或自动闭塞+地面主体信号）

1872年，美国人鲁宾逊发明了轨道电路。该电路的组成部分之一是走行轨本身（所以被称为轨道电路）。当有列车占用轨道时，轮对和车轴对电路造成短路，并通过继电器控制相关轨旁信号灯的显示以反映有车占用。这个过程不需要人工介入，所以属于自动信号。这是铁路信号发展史上一次大的飞跃：和人工信号相比，轨旁自动信号节省了人力，减少了由人为失误造成的事故。由于这时的信号灯是固定在铁路沿线的，所以也属于固定信号。

虽然上述轨旁固定自动信号有诸多优点，但是一个很大的问题亟待解决：在某些不利条件下（如弯道、隧道等地形的限制，大雨、大雪、风沙、大雾等恶劣气候条件的影响），有可能司机看到信号时来不及制动，而车已越过信号机，造成所谓的"冒进信号"，即"闯红灯"，问题严重时甚至导致脱轨、撞车。

这一阶段列车的间隔调整采用半自动闭塞或自动闭塞。所谓半自动闭塞即人工办理闭塞手续，列车凭信号显示发车后，出站信号机自动关闭的闭塞方法。而自动闭塞则是指列车根据运行及有关闭塞分区状态，自动变换通过信号机的显示，司机凭信号显示行车的闭塞方法。

1923年，美国铁路研制了车内信号，把轨旁信号的状态通过电磁感应传到车上，显示在司机驾驶台上。从此铁路信号从轨旁发展到了车内（车载信号）。这是铁路信号发展史上又一次大的飞跃：车载信号的出现不仅大大方便了司机对信号的确认，更为后来列车自动驾驶的出现奠定了基础。

地面信号显示仅仅指明列车前方线路状态，列车完全由司机驾驶，安全掌握在司机手中。

三、机车信号（自动闭塞＋地面主体信号＋机车信号＋辅助信号）

以地面信号显示为主的铁道信号系统只是向司机提供地面视觉信号。但由于地面信号显示有时受到自然环境（如雾、风沙、大雨等）的影响以及地形的限制，司机往往不能在规定的距离及时瞭望前方的信号机的信号显示，因而有冒进信号的危险。为将列车运行前方所接近信号机的显示情况及时通告司机，发明了机车信号设备，将地面的视觉信号通过技术手段引入司机室，大大改善了司机瞭望条件。这样司机就能够在任何条件下从容地驾驶列车，提高了列车运行的效率和安全程度（图 1-14）。

图 1-14　机车信号

值得指出的是，在以地面信号为主体信号的信号系统中，地面信号显示仍是行车凭证，机车信号只是地面信号的"复示"信号。

信号机
Signal

第一节 概述（Summary）

各种用途的信号机（signal）表示器和标志所发出的信号，可从各种角度进行分类。

一、按接收信号的感官分类

按接收信号的感官可分为视觉信号和听觉信号两大类。

1. 视觉信号。是以物体或灯光的颜色、形状、位置、闪光、数目或数码显示等特征表示的信号。如用信号机、机车信号、信号旗、信号牌、各种表示器、各种标志及火炬等显示的信号，都是视觉信号（图 2-1～图 2-3）。

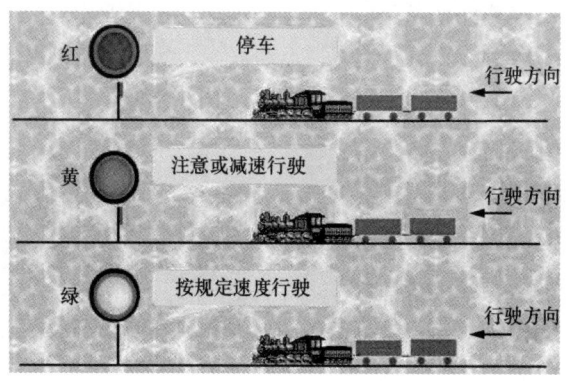

图 2-1　视觉信号的基本颜色及其基本含义

图 2-2　信号机　　　　　　　图 2-3　机车信号

视觉信号的基本颜色及其基本含义如下：

(1) 红色——停车；

(2) 黄色——注意或减低速度；

(3) 绿色——按规定速度运行。

2. 听觉信号。是以不同器具发出的声响的强度、频率和声响的长短等特征表示的信号。如用号角、口笛、响墩发出的声响，以及机车、轨道车的鸣笛等发出的信号，都是听觉信号。

二、按发出信号的机具能否移动分类

按发出信号的机具能否移动可分为：固定信号、机车信号、移动信号和手信号（图 2-4 和图 2-5）。

图 2-4　移动信号　　　　　　图 2-5　手信号

1. 固定信号。为防护一定目标，常设于固定地点的信号。如设于地面的信号机和信号表示器等，都是固定信号。

2. 机车信号。在机车司机室内设置的指示列车运行前方条件的信号。它对于机车是固定的，也属于固定信号。

3. 移动信号。在地面上临时设置的可以移动的信号牌，如为防护线路施工地点临时设置的方形红牌、圆形黄牌等。

4. 手信号。手持信号旗或信号灯发出的信号。

三、按发出固定信号的机具分类

按发出固定信号的机具可分为色灯信号机（color light signal）、臂板信号机、表示器和标志等（图2-6和图2-7）。

图2-6　色灯信号机　　　　　　　图2-7　臂板信号机

1. 色灯信号机。用灯光的颜色、数目及亮灯状态表示信号含义的信号机。

2. 臂板信号机。以臂板的形状、颜色、数目、位置表达信号含义的信号机。

四、按信号的使用时间分类

按信号的使用时间可分为昼间信号、夜间信号和昼夜通用信号。

1. 昼间信号。以臂板信号机臂板的不同颜色、形状、尺寸、数目及位置等显示。

2. 夜间信号。以臂板信号机上的灯光颜色和数目等显示。

3. 昼夜通用信号。以色灯信号机、机车信号显示器的灯光颜色、数目、闪光、位置、数码等显示。

表2-1是利用灯光的颜色特征和臂板的颜色、形状和数目特征给出的信号显示的例子。

在信号的显示中，除了采用红、黄、绿三种基本颜色以外，还采用月白色和蓝色等颜色。蓝色表示"容许信号"或"禁止调车信号"；而月白色则表示"引导信号"或"准许调车信号"。

表 2-1　利用颜色、形状和数目特征给出的信号显示的例子

	停车	注意或减速	按规定速度运行	信号机
颜色特征	●	⦸	○	色灯信号机

注：●—红色；⦸—黄色；○—绿色。

五、按信号机的用途分类

按信号机的用途可分为进站、出站、进路、调车、通过、遮断、防护、预告、驼峰、复示及引导信号机等。

进站、出站、进路、通过、遮断、防护等信号机，都能独立地显示信号，指示列车运行的条件，叫作主体信号机；预告信号机和复示信号机等，本身不能独立存在，而是从属于某种信号机，叫作从属信号机。例如，进站预告信号机便是从属信号机，进站信号机是它的主体信号机。

六、按信号的显示数目分类

按信号的显示数目可分为单显示、二显示、三显示和多显示（图 2-8～图 2-11）。

图 2-8　单显示

图 2-9　二显示

图 2-10　三显示

图 2-11　多显示

出站信号机（outbound signal）和进路信号机（access signal）的复示信号机以及遮断信号机（interrupt signal）均为单显示的信号机。单显示信号机平时不着灯，没有显示。二显示、三显示和多显示可以根据信号机的用途和需要指示的运行条件来设置。

七、按禁止信号的显示意义分类

按禁止信号的显示意义可分为绝对信号和容许信号。

1. 绝对信号。当显示禁止信号时，在没有引导信号的情况下，绝对禁止列车越过它。所有手动的或半自动的主体信号机，都属于这一类。

2. 容许信号。自动动作的主体信号机，如自动闭塞区间的通过信号机就属于这一类。当容许信号的信号机显示一个红色灯光时，列车停车两分钟后，仍可按限制速度越过它，但要求随时准备停车。（注：在通过信号机上加设的一个蓝色灯光，也称为"容许信号"，但它是不容许停车的一种标志，以后另有说明。）

八、按信号机的动作方式分类

按信号机的动作方式可分为手动信号机、半自动信号机和自动信号机。

1. 手动信号机。开放信号和关闭信号都由人工操作，称为手动信号机。

2. 半自动信号机。开放信号由人工操作，关闭信号除由人工操作外，还受列车本身的自动控制，称为半自动信号机。

3. 自动信号机。开放信号和关闭信号都受列车本身自动控制，称为自动信号机。

第二节 信号显示制度、显示方式与方法
(Signal Display System, Display Mode and Method)

一、对信号显示的基本技术要求

信号是指示行车和调车运行条件的命令。从运营方面来说，对固定信号的显示有如下一些基本技术要求：

1. 信号显示应力求简单明了，使行车人员易于辨认；

2. 信号应有足够的显示数目和显示距离，以便于司机能准确及时地辨认信号，平稳地驾驶列车；

3. 信号设备应符合"故障—安全"原则，当信号设备发生故障时，信号机应能自动地给出最大限度的信号显示；

4. 信号显示应具有较高的抗干扰能力，尽量减少受风沙、雨雪、大雾和背景以及其他灯光的影响。

二、信号显示制度

铁路上所采用的信号显示制度，各个国家虽不相同，但总体来看，是由进路

制向速差制发展的。

1. 进路制（access system）

按列车运行的进路，分别装设信号机防护，即每一条列车进路分别由不同的信号机防护。如图 2-12 所示。

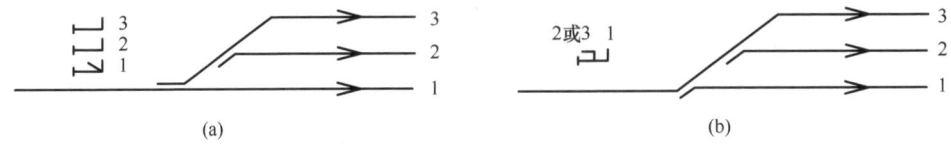

图 2-12　进路制信号显示举例

图 2-12（a）中的进路 1、2、3 各设有专用的信号机，是防护这些信号机的排列顺序与进路的。

图 2-12（a）中臂板 1 下降 45°角，准许进入正线；臂板 2 或 3 下降 45°角，准许进入站线 2 或 3。图 2-12（b）中臂板 1 下降 45°角，准许进入正线；臂板 2 或 3 下降 45°角，准许进入站线 2 或 3。排列顺序相同，即信号机 1 用来防护进路 1，而信号机 2 和 3，分别用来防护进路 2 和 3。在图 2-12（b）中，信号机柱上有两个水平位置的臂板，臂板 1 用来防护进路 1（正线），而臂板 2、3 用来防护进路 2 和 3。进路 2 和 3 之所以能由同一臂板防护，是因为它们是同一等级的站线（也叫作侧线）。

2. 速差制（speed difference）

不是根据进路的数目，而是根据需要限制的速度级来规定显示数目和显示方法的制度，叫作速差制。如图 2-13 所示。速差制的信号显示均含有一定的限制速度的含义。

图 2-13（a）中主臂板下降 45°角、辅助臂板与机柱垂直重叠，可按规定速度进入正线，并准备停车。图 2-13（b）中主臂板和辅助臂板均与机柱成 45°角，要求按规定的限制速度进入站线，并准备停车。

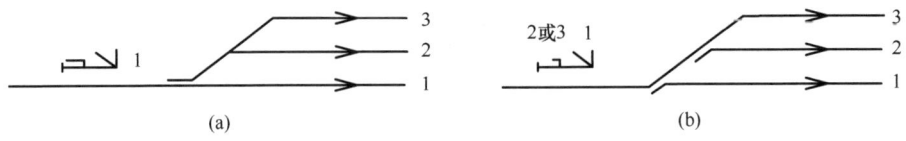

图 2-13　速差制信号用臂板显示举例

速差制的速度级可概括为三级：一是禁止通行；二是减速运行；三是准许按规定速度运行。这是常用的三个速度级，可用 v_0、$v_中$、$v_规$ 表示。

信号机是用来防护进路、区间、危险地点的。有危险即禁止通行，指示 v_0；无危险，但是所防护的区域有需要限速的线路曲线时（目前用信号机只反映限速的道岔曲线，限制多大速度还反映不出来），要求减速运行，指示 $v_{中}$；无危险，又不限速，准许按规定速度运行，指示 $v_{规}$。

上述的 v_0、$v_{中}$、$v_{规}$ 都是指列车通过该信号机的速度，亦即进入所防护的进路或区间始端的速度，因此叫作始端速度。

列车速度较快时，信号机不可以只反映始端速度而不反映终端速度。终端速度级也是三个，即 v_0、$v_{中}$、$v_{规}$。

三、信号的显示方式与方法

信号显示的方式与解决问题的方法是，信号机依据上述始端和终端速度级来安排信号显示，把运行条件通过信号器具与之相应的语义表达出来。

下面按色灯信号机和臂板信号机分别叙述如何确立信号显示的方式与方法。

色灯信号机主要采用颜色特征和数目特征（部分采用闪光特征，如驼峰信号机）。将始、终端两种速度和三个速度级组合起来求得的色灯信号机的显示方式与方法如表 2-2 所示。速度级是三个，速度种类是两个，而求得的显示数目却是五个（即五个显示含义）。这是因为仅仅在始端速度为 $v_{规}$ 的情况下反映终端速度，而在 $v_{中}$ 和 v_0 时没有反映也没有必要反映终端速度。

表 2-2　速差制信号用色灯信号机的显示方式与方法

显示数目		1	2	3	4	5
显示含义	始速 终速	$\dfrac{v_{规}}{v_{规}}$	$\dfrac{v_{规}}{v_{中}}$	$\dfrac{v_{规}}{v_0}$	$\dfrac{v_{中}}{x}$	$\dfrac{v_0}{x}$
显示方式 与方法		○	○ ⊘	⊘	⊘ ⊘	●

注：○—绿灯点灯；⊘—黄灯点灯；●—红灯点灯。

各种用途的色灯信号机的显示，是在表 2-2 的基础上制定的。

表中的两个黄灯为减速信号（根据道岔曲线大小决定）；至于绿灯和黄灯以及一个黄灯，可以规定为注意运行（$v_{规}/v_{中}$、$v_{规}/v_0$），也可以规定为减速运行（根据最高允许速度和防护区段的长度决定）。前者在最高允许速度较低的条件下，可以让司机根据列车和线路的具体情况做出判断，从什么地方开始制动合适，而不一定必须在通过黄色灯光时把速度降下来；而后者则是在允许速度较高的条件下，能让列车平稳地停在红灯前面所必需的。在这里必须指出的是，黄色灯光作为注意信号而不作为减速信号时，必须要有一个很重要的前提条件，即所防护区段的长度要比列车制动距离大得多。如果列车以 $v_{规}$ 的速度越过一个黄色灯光后立即采取正常制动措施，而仍在前方的 v_0 信号显示前面停不住车是不行的。当列车速度逐渐提高后，一个防护区段的长度满足不了列车制动距离的要求时，一绿一黄和一黄都要作为减速信号。表中 x 是停止的意思，即终速为 0。

四、固定信号机的信号显示举例

以进站信号机为例，看看它的信号显示及其意义，如表 2-3 所示。例如，进站信号机显示一个黄色灯光是命令列车注意运行，准许"进入正线停车"，始端速度为 $v_{规}$，前方出站信号机在关闭状态，即终端速度为 v_0，所以要注意运行，准备在出站信号机前面停车。又如，两个黄色灯光，命令列车"进站线准备停车"，即指示司机准许进入的是站线，经过道岔曲线要把速度降到规定数值以下（如 12 号道岔，规定在 45km/h 以下），并且在站线上准备停车。

表 2-3 进站信号机的信号显示及其意义

信号机名称	色灯信号机 透镜式	信号显示方式与方法	信号显示的意义
进站信号机		●	停车，不准通过信号机
		⊘	进正线停车，预告出站信号机关闭
		⊘ ⊘	进站线准备停车
		○	按规定速度由正线通过，预告出站信号机开放
		⊘ ⊘	进站内正线停车，预告进路信号机开放，出站信号机关闭
		● ⊘	引导信号，以不超过 15km/h 的速度进站并随时准备停车；红灯和帕灯点亮，允许列车越过信号灯进行调车作业

注：⊘—帕灯。

第三节　信号显示距离（Signal Display Distance）

列车从开始制动到完全停住这一段时间内所运行的距离，叫作制动距离。我国铁路规定制动距离为 800m。即信号的显示距离一般应大于 800m。《铁路技术管理规程》（以下简称《技规》）规定，各种信号机及表示器在正常情况下的显示距离如下：

1. 进站、通过、遮断、防护信号机，不得小于 1000m；
2. 出站、进路、预告、驼峰信号机，不得小于 400m；
3. 调车、矮型出站、矮型进路、复示信号机，容许和引导信号以及各种表示器，均不得小于 200m。

如两线路之间的距离不足以装设信号机时，可以采用信号桥或信号托架。装设在信号桥或信号托架上的信号机，可以在线路的左侧，也可以在其所属线路的中心线上空。特殊情况下，如线路左侧没有装设信号机的条件或因曲线、隧道、桥梁等影响，不适宜设置信号桥或信号托架，将信号机设置在右侧比设置在左侧的显示状况较好，对行车更为有利时，经铁路局批准，信号机也可以设于右侧。在右侧设置信号机时，还应考虑是否有被邻线列车误认或被邻线列车挡住视线看不到信号的可能性，应当避开这种可能的地点。信号机设置的地点，对信号显示距离的远近、对司机确认信号和行车安全等都有极大的影响，所以设置信号的地点要由电务（设计和施工）部门会同车务、机务等有关部门共同研究确定，经铁路局批准。在确定信号机装设地点时，应全面考虑以下几点：

1. 信号显示距离满足《技规》的要求；
2. 不至于被误认为邻线的信号机；
3. 尽量避免设在停车后启动困难的上坡道，或难以停车的下坡道上；
4. 自动闭塞区段还要考虑不影响列车间隔时间。

信号机离防护地点多远合适？因用途不同而各异，下面分别叙述。

一、进站信号机（Inbound Signal）

进站信号机的作用是防护车站，指示进站列车的运行条件，保证接车进路的正确和安全可靠。当列车接近车站时，根据进站信号机的显示，司机能清楚地知道是站外停车还是通过车站，是进正线停车还是进站线停车。信号开放前检查进路，道岔位置要正确，进路上无车（不设轨道电路时由人工确认），没有建立敌对进路，信号开放后能将进路上的道岔和敌对进路锁住，以保证进路安全。

对速差制信号显示来说，可以用一架进站信号机防护多条接车进路。如图 2-14 中的下行进站信号机 X，就防护着 1G 及 2G 两条接车进路（自进站信号机起，至同方向的出站信号机止）。

进站信号机的具体设置，应距列车进站时遇到的第一个道岔尖轨尖端（顺向

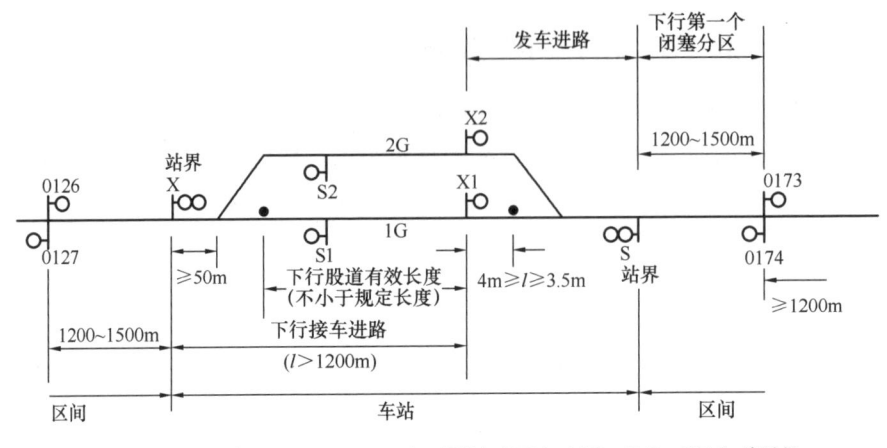

图 2-14 进站、出站、通过信号机举例

时为警冲标）大于 50m 的地点；若因调车作业或制动距离的需要，可以更大些，但不得超过 400m，若因信号显示不良而外移时，则最大不宜超过 600m。

对经常利用正线进行调车作业的车站，可将进站信号机距第一个进站道岔的距离适当延长。但此项距离的延长，会影响车站咽喉区的通过能力和车站的会车间隔时间，而且会增加工程费用，给管理带来不便，所以延长的距离不宜过长。因调车要求外移的或因制动距离不足而要求外移的〔如图 2-15 所示，要求进站信号机至进路信号机最短 1200m（即 800m+400m），因此将进站信号机外移〕，最长均不得超过 400m；在山区曲线多、隧道多，以及经常有降雾的区段，为了延长进站信号机的显示距离、提高信号显示的连续性而将进站信号机外移的，最长也不宜超过 600m。

此外，《技规》要求，凡办理通过列车的车站，如进站信号为臂板信号机时，均应装通过臂板，以预告出站信号机的显示，但对进直出弯的车站，因受侧向过岔速度的限制，不应装设通过臂板。

二、出站信号机（Outbound Signal）

出站信号机的作用——防护区间，作为列车占用区间的凭证，指示列车能否进入区间；与发车进路及敌对进路联锁，信号开放后保证发车进路安全；指示列车在站内的停车位置。

出站信号机设于车站的每一发车线的警冲标内方（对向道岔为尖轨尖端外方）适当的地点（例如图 2-14 中的 X1 和 X2）。在编组站，必要时也可设线群出站信号机。出站信号机的用途主要是防护发车进路。图 2-14 中有两条发车进路，

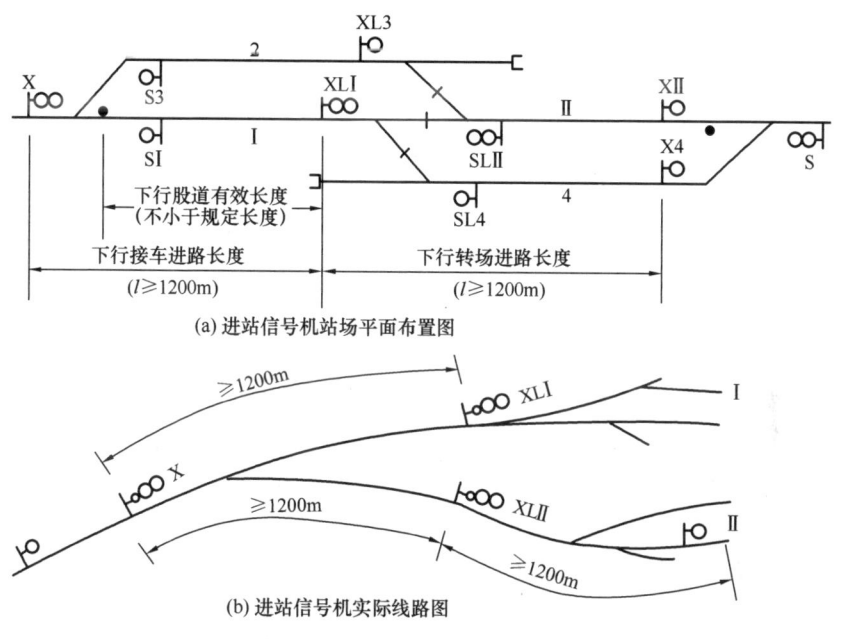

(a) 进站信号机站场平面布置图

(b) 进站信号机实际线路图

图 2-15 进路信号机举例

其始端起自出站信号机,终端止于站界。

每条发车线均应单独设置出站信号机,因为进路的始端不同。设置出站信号机时,除应保证该线所规定的股道有效长度外,还应考虑下列情况:

(1) 在无轨道电路的车站上,出站信号机在不侵入建筑接近限界的条件下,应尽量缩小与警冲标的距离,以增加股道的有效长度。

(2) 在装有轨道电路的车站上,钢轨绝缘距警冲标应不小于 3.5m 和不大于 4m。

(3) 绝对禁止侵入建筑接近限界。为此,准许站线的出站信号机使用矮型的,必要时也可使用信号桥或信号托架。钢轨绝缘距警冲标之所以不小于 3.5m,是因为车辆的最外方车轮距车辆端部尚有一段不大于 3.5m 的长度。如警冲标与轨道绝缘对齐,则车轮虽在钢轨绝缘的内方,但车辆端部已越出警冲标外方,不能保证邻线的行车安全。钢轨绝缘距警冲标不应大于 4m,是为了防止在列车或车列已进入警冲标内方停车时,其尾部尚留在道岔区段,而影响邻线作业。由于轨缝等影响必须大于 4m 时,要移设警冲标,满足不大于 4m 的要求。信号机处的钢轨绝缘原则上与信号机设在同一坐标处,为了尽量避免在安装信号机时造成串轨、换轨和锯轨等工作,钢轨绝缘允许设置在出站信号机前方 1m 或后方 6.5m 的范围内。

(4) 在装有水鹤的股道上,如图 2-16 所示,出站信号机的设置位置距水鹤应不小于50m，以保证机车上水时不越出出站信号机。

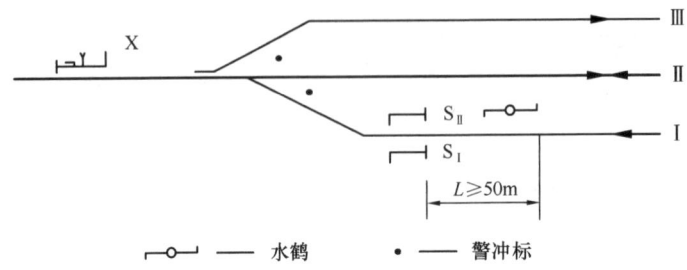

图 2-16　出站信号机设置位置与水鹤的关系

三、进路信号机（Access Signal）

一个车站有几个车场时，需要设置进路信号机，以防护列车从一个车场转线到另一个车场时的转场进站用。进路信号机按用途分为：

1. 接车进路信号机。对到达列车指示运行条件，设置在车场前或引向不同车场的分歧道岔前［图 2-15（b）中 XLⅠ和 XLⅡ］。

2. 发车进路信号机。到发线上的信号机构为发车进路信号机，对出发列车指示运行条件［图 2-15（a）中的 XL3］。

3. 接发车进路信号机。对到达及出发列车指示运行条件。当为纵列式车场时，一个车场的前方衔接另一车场或线路，则该车场正线上的信号机为接发车进路信号机［图 2-15（a）中的 XLⅠ］。

正线上的进路信号机和进站信号机（指向正线接车）一样，其防护区段的长度应等于或大于1200m［图 2-15（a）和图 2-15（b）］。

如图 2-14 所示，接车进路信号机和接发车进路信号机的显示方式与方法，应和进站信号机一样，发车进路信号机的显示方式与方法与出站信号机相同。

关于进路信号机的设置位置问题，对接车进路信号机来说，与进站信号机的考虑方法相同，对发车进路和接发车进路信号机来说，与出站信号机的考虑方法一样。

转场进路始于进路信号机，止于出站信号机。只有在进路上的道岔位置正确、进路内无车和没有建立敌对进路，并且把进路锁好的条件下，才能使防护转场进路的进路信号机开放，以保证转场作业的安全。进路信号机一般都采用色灯信号机。

四、通过信号机（Via Signal）

通过信号机分为自动闭塞区段的通过信号机和非自动闭塞区段线路所的通过信号机。

自动闭塞区段的通过信号机——用来防护闭塞分区，指示列车能否进入运行前方的闭塞分区。

非自动闭塞区段线路所的通过信号机——用以指示列车能否占用运行前方的所间区间,防护所间区间(两线路所之间或线路所与车站之间的区间)。

如图 2-17 所示,在线路所与两邻站间构成两个所间区间,在线路所处,分别设置两架信号机,叫作通过信号机,用它来防护所间区间的运行安全。这样,用增加线路所和增设通过信号机的办法,也可加大列车密度。但线路所无配线,所以不能办理列车越行。

防护所间区间的通过信号机可以是臂板的,也可以是色灯的;可以手动控制,也可以采用半自动的控制方式。上述增设线路所的方法,一般采用半自动闭塞,即还要在线路所内装设半自动闭塞机。

半自动闭塞的通过能力如果仍不够用,想再扩大列车密度,就需要采用自动闭塞了。将区间划分成若干个闭塞分区,在每个闭塞分区的入口处设置通过信号机防护。如图 2-17 所示,闭塞分区划分得越短即分区数越多,线路的通过能力也就会越大。但闭塞分区的长度是受列车速度、牵引质量和制动性能等因素限制的。为了保证行车安全,我国铁路的《技规》要求闭塞分区的长度不得小于 1200m。

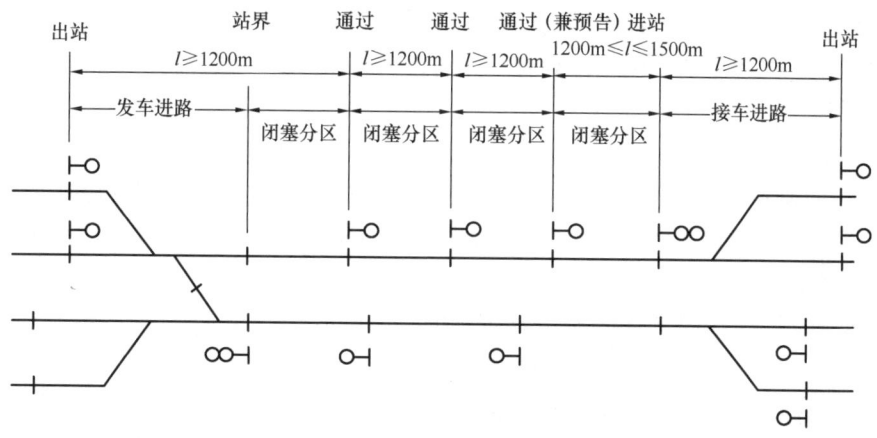

图 2-17 防护闭塞分区的通过信号机举例

实际上,自动闭塞区间的通过信号机的配置,是按追踪列车的时间间隔(每隔几分钟发一趟车),根据机车类型、牵引质量和线路的具体情况,换算成空间间隔而确定的。追踪列车的时间间隔一般规定为 10min,必要时,可以缩短为 8min、7min 甚至更小。若按 10min 计算,则双线区段的每一运行方向的计算通过能力见式(2-1)。

$$N = 1440/10 = 144(列) \qquad (2-1)$$

实际上达不到这个指标,因为要受到列车会让、越行、晚点、调车作业等因素的影响。如何提高计算通过能力的利用率,是衡量某一段线路的技术装备水平和科学管理水平的唯一标准。

通过信号机有三显示的和四显示的，故一般又常称为三显示自动闭塞和四显示自动闭塞。三显示指红、黄、绿。红要求停车，提示前方闭塞分区有车；黄要求注意运行，预告前方只有一个闭塞分区空闲；绿要求按规定速度运行，预告前方至少有两个闭塞分区空闲。三显示自动闭塞，如能使每一列车都在绿灯下运行，实际上使追踪列车的空间间隔有两个闭塞分区就行。这就是说，在三显示自动闭塞区间，使追踪列车都按照间隔两个闭塞分区运行，这时列车运行的速度最快、最平稳，而且密度也最大。

在客、货列车混跑的情况下，如果再加大两者行车速度的差距，势必会使两者的制动距离不一样。如果追踪列车的空间间隔是根据货车计算的，则对客车就有越过黄灯后立即实施正常制动而在前方的红灯前面也停不住车的危险。为此，在三显示的基础上，增加一个绿黄显示，即改建为四显示自动闭塞，能够解决这个问题。四显示中的绿黄灯和黄灯，对高速列车都是减速信号。例如，绿灯可按线路容许的最快速度160km/h运行，通过绿黄灯时减至100km/h，通过黄灯时减至80km/h，在红灯前停车。对于货物列车，则绿灯可按最快速度100km/h运行，绿黄灯下不减速，注意运行，黄灯下减至60km/h，红灯前停车。即同样的信号显示，可规定对不同列速具有不同的含义，以解决因两者制动距离不同而产生的矛盾。

在确定通过信号机的具体设置位置时，应综合考虑：

1. 应避免设在列车停车后启动时容易断钩的地点（前方一部分停在上坡道上，车钩拉得很紧，而后方大部分停在下坡道上，车钩又压得很紧，所以中间处的车钩在启动时受力过大，容易断钩）。

2. 应尽量避免设在停车后启动困难的上坡道上。

3. 不准许设在隧道内及大型桥梁上。

五、遮断信号机（Interrupt Signal）

遮断信号机——为防护道口、桥梁、隧道以及塌方落石等危险地点而设置的信号机。在繁忙的道口上，若汽车或拖拉机等机动车因故障停留在道口，或者在道口上散落有货物，一时又移不开时，为了能立即指示列车在道口外方停车，设立遮断信号机是非常必要的。在较大的桥隧构筑物和可能危及行车安全的塌方落石地点，一般均设有固定值班的看守人员，昼夜巡视。为了在发生危及行车安全的情况时，能及时地向列车发出停车信号，要求列车在障碍地点前方停车，所以也规定需要设置遮断信号机。

遮断信号机的设置位置距其防护地点不得少于50m。

在自动闭塞区段，遮断信号机应与通过信号机有联系。当遮断信号机与前方相邻的通过信号机之间小于800m时，则通过信号机应重复遮断信号机红色灯光显示，当遮断信号机与前方相邻的通过信号机之间大于 800m 时，则通过信号机应为该遮断信号机的预告信号。自动闭塞区段，遮断信号机不应设在停车后启动困难的地点。

遮断信号机显示一个红色灯光时，不准列车越过该信号机，不亮灯时，不起信号作用。

六、预告信号机（Forecast Signal）

预告信号机的作用——预告进站信号机等主体信号机的显示。地面信号常常受到场地条件和气象条件的影响，以致信号显示距离有时难以满足运营要求。因此，对进站、通过（指防护所间区间的）、遮断和防护等绝对信号机，应根据实际需要，装设预告信号机，以防止冒进绝对信号。

自动闭塞区段的进站信号机，其前方的通过信号机即起预告信号机的作用，在非自动闭塞区段装有机车信号时，由于机车信号也能复示进站信号机的显示，所以在此条件下，可免装预告信号机。预告信号机距其主体信号机的距离规定不得小于 800m，以满足列车制动距离的要求。

当预告或其主体信号机的显示距离不足 400m 时，为了让司机预先有足够的时间确认信号，在这种情况下，规定预告信号机距其主体信号机不得小于 1000m。预告信号机仅反映其主体信号机的开放或关闭两种状态（表 2-4）。早已提出要求，增加一个显示，用以反映主体信号机是否在显示限速信号，以便提高列车的进站速度。

表 2-4　预告信号机的显示

信号机名称	信号显示		色灯信号机	信号显示的含义
	臂板信号机			
	昼间	夜间		
预告信号机	（臂板水平）	⊘	⊘	表示主体信号
	（臂板斜下）	○	○	表示主体信号机在开放状态

预告信号机的信号显示方法有时虽与其主体信号机相同（例如同样是一个黄色灯光，表中表示主体信号机在关闭状态），但显示含义不完全一样，所以预告信号机均有特殊的标志，以示区别（例如在机柱上涂有黑白相间的标志）。

七、调车信号机 (Shunting Signal)

调车信号机——指示站内各种调车作业，如编组、解体、摘挂、取送、转线、转场、机车出入库、出入专用线以及平面溜放等。为保证列车在站内的行车安全，凡影响列车作业的调车进路，均应设置调车信号机。调车信号机要根据调车作业的实际需要装设。

尽头型调车信号机——由非联锁区向联锁区的入口处，由牵出线、场间联络线以及站内各种用途的尽头线，向联锁区的入口处装设的调车信号机，叫作尽头型调车信号机。

在股道头部装设的调车信号机叫作出站兼调车信号机（与出站信号机在同一柱上）或进路兼调车信号机（与进路信号机同柱）。在图2-18中，D_1是尽头型调车信号机，而$S_{II}D$和S_4D是出站兼调车信号机。

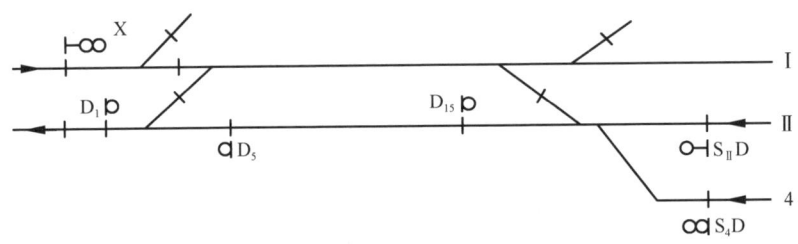

图 2-18　调车信号机举例

咽喉调车信号机——设于咽喉区中间的调车信号机，叫作咽喉调车信号机。

设置咽喉调车信号机，可增加调车作业的灵活性，提高调车作业效率和车站咽喉区的通过能力。如图2-18所示，由Ⅱ道转线到4道，有了D_{15}就可以牵出后越过D_{15}折返，所以D_{15}又叫作折返（或称回头）调车信号机。如不设D_{15}，就须牵出至站界，越过D_1才能折返，显然将增加往返调车行程。从图2-18中还可看出，当车列由Ⅱ道牵出时，有D_5起阻拦作用，所以D_5又叫作阻拦（或称目标）调车信号机。有了D_5，在上述转线作业的同时，还可利用道岔1或3反位发车或调车，即有了阻拦调车信号机，使同时作业有了可能。

第四节　信号显示等常用图形符号
(Common Graphic Symbols such as Signal Display)

信号显示的常用图形符号见表2-5、表2-6。

表 2-5　信号基本灯光颜色

序号	符号	名称	说明
1	○	绿灯	

续表

序号	符号	名称	说明
2	⊘	黄灯	
3	●	红灯	
4	⊙	蓝灯	
5	◎	月白灯	
6	ⓘ	白灯	
7	⊗	空位灯	
8	✧	亮稳定灯光	
9	✧	亮闪光	
10	◍	双半黄灯	机车信号
11	◐	半红半黄灯	机车信号

表 2-6　色灯信号机

序号	符号		名称	说明
	高柱	矮型		
1	 ♀♀	 ○♀	信号机一般符号	
2	 ♀	 ♀	二灯位信号机	
3	 ♀	 ♀	三灯位信号机	
4	 ♀		进站信号机前方第一架通过信号机	
5	 ♀		带容许信号的通过信号机	
6	 ♀	 ♀	四灯位信号机	

续表

序号	符号		名称	说明
7	(五灯位信号机图)	(五灯位信号机图)	五灯位信号机	
8	(七灯位信号机图)		七灯位信号机	
9	(反面兼调车的信号机图)		反面兼调车的信号机	调度集中区段反面兼调车的进站信号机
10	(八灯位信号机图)		八灯位信号机	
11	(道口信号机图)		道口信号机	
12	(道口信号机附自动栏木图)		道口信号机附自动栏木	

续表

序号	符号	名称	说明
13		遮断及其预告信号机出站、调车复示信号机	
14		出站、调车复示信号机	
15		进站复示信号机	
16		驼峰复示信号机	
17	或	信号托架	安装臂板信号机时应改用臂板信号机的图形符号
18		信号桥	安装臂板信号机时应改用臂板信号机的图形符号

专业词汇汉英对照（Glossary）

专业词汇	拼音	英文
信号机	xìnhàojī	signal
进路制	jìnlùzhì	access system
速差制	sùchāzhì	speed difference
进站信号机	jìnzhàn xìnhàojī	inbound signal
出站信号机	chūzhàn xìnhàojī	outbound signal
进路信号机	jìnlù xìnhàojī	access signal
通过信号机	tōngguò xìnhàojī	via signal
遮断信号机	zhēduàn xìnhàojī	interrupt signal
预告信号机	yùgào xìnhàojī	forecast signal
调车信号机	diàochē xìnhàojī	shunting signal
色灯信号机	sèdēng xìnhàojī	color light signal

思考题（Questions）

1. 信号机都可以从哪些角度分成什么类？请列举出来。
2. 什么是进路制？什么是速差制？
3. 色灯信号机和臂板信号机的信号显示方式与方法分别是什么？
4. 信号机的防护地点如何设置？请简述出不同情况下的规则。

拓展阅读（Extensive Reading）

信号表示器没有防护的意义，用来表示与行车有关设备的位置和状态，或表示信号显示的某种附加含义。例如，出站信号机给绿色灯光，而前方可以有三个发车方向，这时需要附加说明是向哪个方向发车的，该任务就依靠信号表示器来完成。我国铁路上采用的信号表示器有进路表示器、线路表示器、调车表示器、道岔表示器、发车线路表示器等。我们在此介绍常见的道岔表示器和发车线路表示器，如图2-19、图2-20所示。

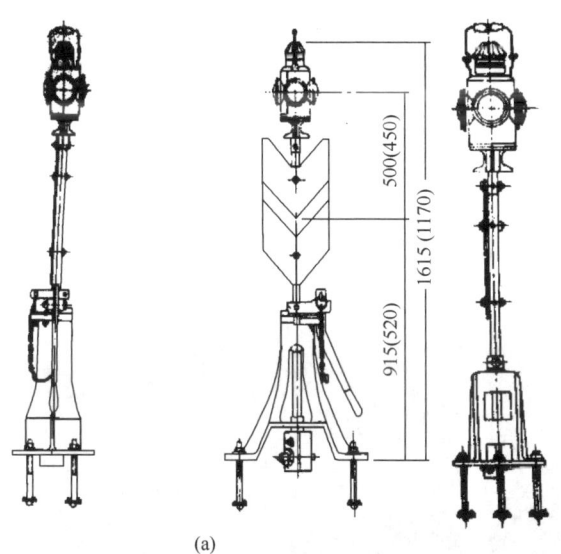
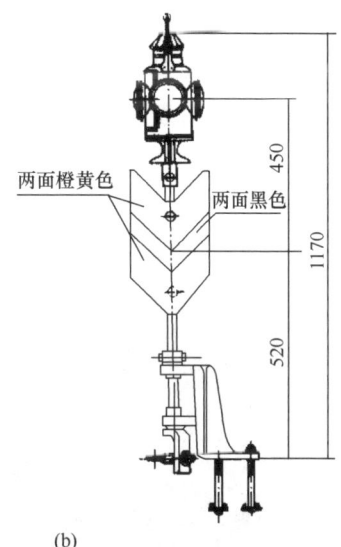

图 2-19 道岔表示器

图 2-20 发车线路表示器

一、道岔表示器

（1）道岔处于定位（道岔开通直股）：表示器的鱼尾形黄色标板顺着线路方向显示，白天沿着线路方向看不到该标板，夜间显示一个紫色灯光。

（2）道岔处于反位（道岔开通弯股）：鱼形标板横着线路方向显示，白天沿着线路方向可见该标板，夜间显示一个黄色灯光。

二、发车线路表示器

调车作业虽然要求在站内进行，但是在实际工作中，常因调车工作的实际需求而进行站外调车。

站外调车对车站信号有了新的要求。可以根据需要设置线群出站信号机，在每一发车线警冲标内方适当地点，设有线路表示器。当线群出站信号机在开放条件下，哪一个线路表示器亮一个月白色灯光，即表示在该线路停留的列车可以发车。这些并排的线路表示器，同时只准一个点亮月白色灯，而且只有在线群出站信号机开放后，它才能亮灯。

三、脱轨表示器

脱轨表示器是一种轨道上的保护装置，用于保护轨道上的人员或者重要的机车车辆，一旦有机车或车辆进入轨道即行脱轨以保证被保护对象的安全。

脱轨表示器表示线路在开通，如图 2-21 所示。

图 2-21　脱轨表示器

四、发车表示器

发车表示器是运转车长通知司机发车用的表示器，如图 2-22 所示。

图 2-22　发车表示器

机车司机启动列车运行时，除必须确定信号已经开放外，还需接受运转车长的命令。运转车长确认列车完整，制动主管风压正常，旅客列车旅客已经上下完毕，在无危及行车安全的前提下，向司机发出发车命令。

在曲线车站或站内有桥隧构筑物时，车长发出的发车命令，列车司机辨认困难，而车站值班员中转信号又延长列车停站时间时，可设置发车表示器。

发车表示器的操作程序：

出站信号开放后，由车站值班员按下设在运转室附近的允许发车按钮，运转车长处的按钮柱上亮允许发车的白灯，表示车站值班员向运转车长发出发车命令。运转车长按下按钮柱上的发车按钮，设在机车附近的发车表示器亮白灯，表示运转车长已发出发车信号，此时司机可操纵列车出发。

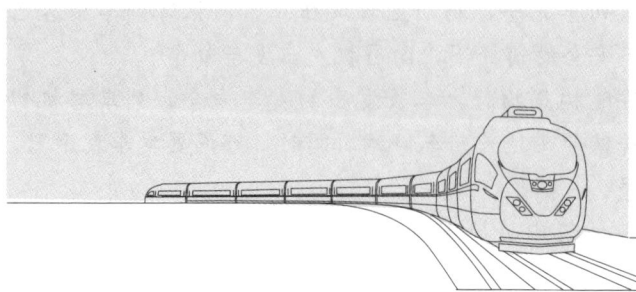

第 三 章

道岔和转辙机
Turnouts and Switch Machines

第一节 道岔（Turnouts）

道岔是列车从一股道转向另一股道的转辙设备，它是铁路线路中最关键的特殊设备，也是铁路信号的主要控制对象之一。信号工作人员必须熟悉它的基本结构、作用和表示符号。

一、道岔的组成

如图 3-1 所示，道岔有两根可以移动的尖轨 1，尖轨（point rail）的外侧是两根固定的基本轨（stock track）2，与尖轨和基本轨相连接的是四根合龙轨（closure rail），其中两根合龙轨 3 是直的，两根合龙轨 4 是弯的（其曲线叫道岔导曲线）。两根内侧合龙轨相连的是辙叉，它由两根翼轨 5，一个辙岔心 6 和两根护轮轨（guard rail）7 组成。护轮轨和翼轨为固定车轮运行方向。因为机车车辆通过道岔时都要经过辙叉的"有害空间 S"，如果不固定车轮轮缘的前进方向，

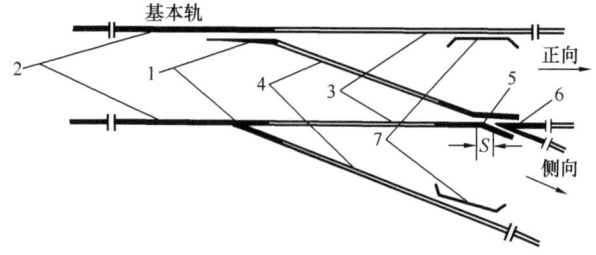

图 3-1 道岔（turnout）示意图
1—尖轨；2—基本轨；3—直合龙轨；
4—弯合龙轨；5—翼轨；6—辙岔心；7—护轮轨

就有可能造成脱轨事故。

道岔的辙叉号——由岔心所形成的角，叫辙叉角，它有大有小。道岔号码 N 代表道岔各部主要尺寸，通常用辙叉角 α 的余切来表示，见式（3-1），如图 3-2 所示，即：

$$N = \cot\alpha = \frac{FE}{AE} \tag{3-1}$$

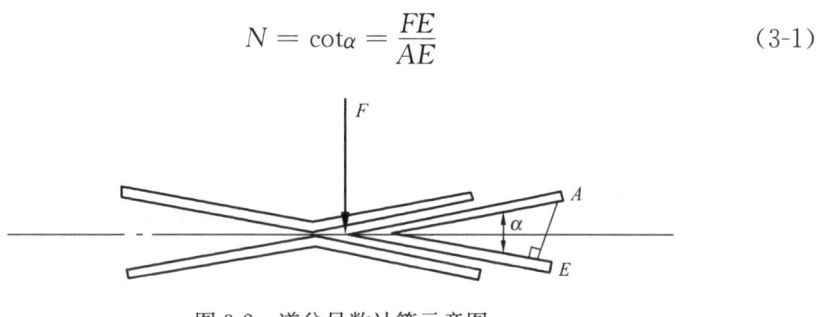

图 3-2　道岔号数计算示意图

由此可见，道岔号与辙叉角 α 成反比关系，α 角越小，N 越大，导曲线半径也越大，机车车辆通过该道岔时就越平稳，允许过岔速度也就越快。所以采用大号码道岔对于列车运行是有利的。随着列车质量和速度的不断提高，应逐步采用强度更高、号码更大的道岔。

目前，在我国铁路的主要线路上大多采用 9 号、12 号、18 号三个型号的道岔，它们所允许的侧向通过速度分别为 30km/h、45km/h、80km/h。

二、道岔的位置和状态

道岔有两根可以移动的尖轨，一根密贴于基本轨，另一根尖轨离开基本轨，可以同时改变两根尖轨的位置，使原来密贴的分离，而原来分离的密贴，可见道岔有两个可以改变的位置。我们通常把道岔经常所处的位置叫作定位（location），临时根据需要改变的另一位置叫作反位。为改变道岔的两个位置，在道岔尖轨处需要安装道岔转辙（switch）设备。

尖轨与基本轨密贴的程度如何，对行车安全影响很大。比如，列车迎着尖轨运行时，如果尖轨密贴程度差，即间隙超过一定限度（大于 4mm），则车的轮缘有可能撞着或从间隙中挤进尖轨尖端而造成颠覆或脱轨（derailment）的严重行车事故。因此，对尖轨与基本轨的密贴程度规定有严格的标准。根据《技规》规定，装有转换锁闭器、电动转辙机、电空转辙机的道岔，当在转辙杆处的尖轨与基本轨之间插入厚 4mm、宽为 20mm 的铁板时，应不能锁闭和开放信号。当高速列车通过道岔时，虽道岔尖轨与基本轨密贴良好，但由于列车振动仍有可使道岔改变状态的可能性，为了防止此种危险的发生，在上述几种道岔转换设备中，都附有锁闭装置（locking device），以便把道岔锁在密贴良好的规定状态。

三、道岔的分类

1. 对向道岔和顺向道岔

道岔本身并无顺向和对向之分。它只是根据列车运行方向而言的。列车迎着道岔尖轨运行时，该道岔就叫对向道岔。反之，列车顺着道岔尖轨运行时，就叫顺向道岔，如图 3-3 所示。对向道岔和顺向道岔的不安全因素不一样，导致事故的后果也不同。

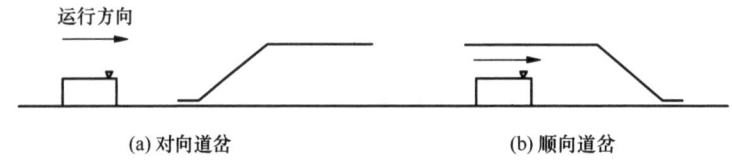

图 3-3　道岔的对向和顺向

当列车迎着岔尖运行时，如果道岔位置扳错了，则列车就被接向另一条线路上去了。如果这条线路已停有车辆，就会造成列车冲撞（train collision）。另外，如果道岔位置虽然对，但其尖轨与基本轨不密贴（即状态不良），则车轮轮缘有可能将密贴的一根尖轨挤开，造成"四开"，从而引起列车颠覆事故。

当列车顺着岔尖运行时（即从辙叉方面开来），与上述情况就不同了。这时道岔位置如果不对，车轮轮缘可以从尖轨与基本轨挤进去，并推动另一根尖轨靠近基本轨。发生这种情况，叫作挤岔（crowding fork）。挤岔时有可能使道岔和道岔转换器遭到损伤。但应当指出，同一组道岔，根据经由它的列车运行方向不同，有时是对向的，有时却是顺向的。

为了保证行车安全，凡是列车经过的道岔，无论是对向的还是顺向的，都要和信号机实现联锁（interlocking）。在电动的道岔转换器和锁闭器的结构上也要使之能够反映出道岔不密贴和挤岔等危险情况，一旦道岔不密贴或被挤时，就不能使信号机开放。

2. 单动道岔（single acting turnout）和双动道岔（double acting turnout）

扳动一根道岔握柄（手动道岔的操纵元件）或按压一个道岔按钮（电动道岔的操纵元件），仅能使一组道岔转换，则称该道岔为单动道岔；如果能使两组道岔同时或顺序转换，则称为双动道岔。双动道岔有时也称为联动道岔，故它有三动和四动的情况。

为了简化操作手续，简化联锁关系，有时还为了保证行车安全和节省信号器材等因素，凡是能双动的道岔必须使之双动。"双动"即意味着两组道岔可作为一个控制对象来处理，下面举例说明：

渡线两端的道岔，应使之双动。对双动道岔的基本要求：定位都必须转换到定位，反位时则又都必须转换到反位。图 3-4（a）中所示的 1 号和 3 号道岔是渡线上的两组道岔。这两组道岔都处于定位时,可以接由北京方向开来的列车,同时又可以向北京方向发车,即它们都处于定位时,使两条平行进路都开通,互不影响,并起到进路的隔离作用;当北京方向开来的接向 4 股道的列车要经过 1~3 渡线,这时需要把 1 号和 3 号道岔都扳到反位。由于 1 号和 3 号道岔是双动的,即定位时,必须同时定位,反之亦真,故它必须使之双动。

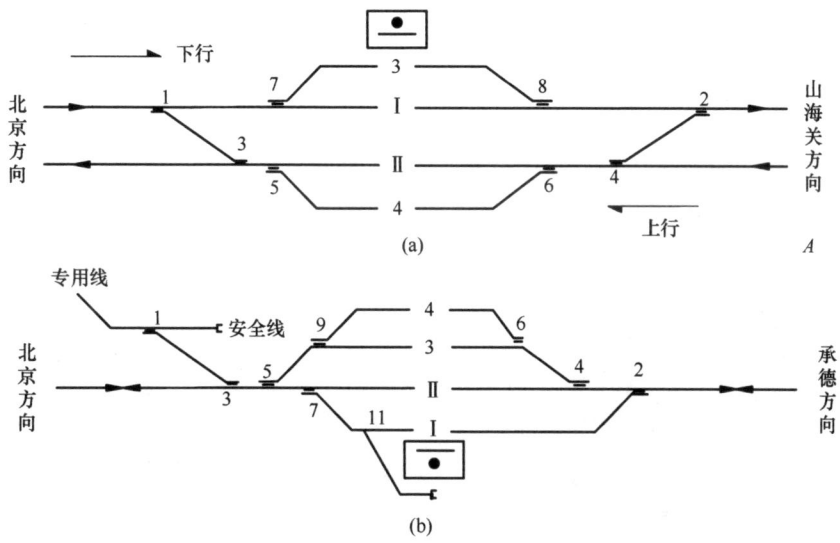

图 3-4 双动道岔(double acting turnout)举例

图 3-4(b)中的 2 号和 4 号道岔不属于渡线两端的道岔。当 2 号道岔在定位时,4 号道岔可以在定位也可以在反位位置。因为这两组道岔不存在反位时都必须是反位的关系,故这两组可以不划为双动,只能作单动处理。

线路隔开设备与到发线之间的连接线路两端的道岔,应使其双动。如图 3-4(b)中的安全线是专用线与正线之间的线路隔开设备,其间有一条连接线路,其两端的道岔 1 和 3,应使之双动。使道岔 1 定位时开向安全线,道岔 3 定位时开通正线。这样,当正线上有列车运行时,道岔 3 在定位,道岔 1 也一定在定位(因为是双动)。只有保证 1 号道岔在定位,才能使安全线起到防护作用。即使由专用线开来的列车闯进来,也可以让它进入安全线,以避免与正线的列车相撞。如果准许由专用线开来的列车进入车站时,才临时把道岔 1 和道岔 3 都扳向反位,平时道岔 1 和道岔 3 定位开通安全线。

第二节 电动转辙机(Electric Switch Machine)

我国现在生产的电动转辙机类型有 ZD6、ZD7、ZD8 及 ZDZ 型等。其中

ZD6型采用的数量最多,应用最广,通过现场使用不断改进产生了一系列派生型号,如ZD6-A、ZD6-B、ZD6-C、ZD6-D、ZD6-E。从使用性能和要求来说,ZD6-D型可代替ZD6-B、ZD6-C型,因为ZD6-D型是在ZD6-B、ZD6-C型的基础上发展起来的一种派生产品,具有动作杆和表示杆对道岔岔尖实现双重机械锁闭(双锁闭)的功能,ZD6-E型适用于重轨铁路正线上特种断面的尖轨道岔、大号码道岔以及严寒地区道岔,这种ZD6-E型也具有双锁闭的功能。ZD7型电动转辙机,是用于驼峰编组场快速转换的道岔,为获得快速转换的性能,减速器(retarder)采用一级行星减速机构及功率大、转速较高的电动机。从结构上来说,由于只有一级减速,电动机就安装在底壳短边外的中部位置,其他与ZD6型基本相同,如图3-5(a)所示,图3-5(b)为ZD8型电动转辙机的结构简图。

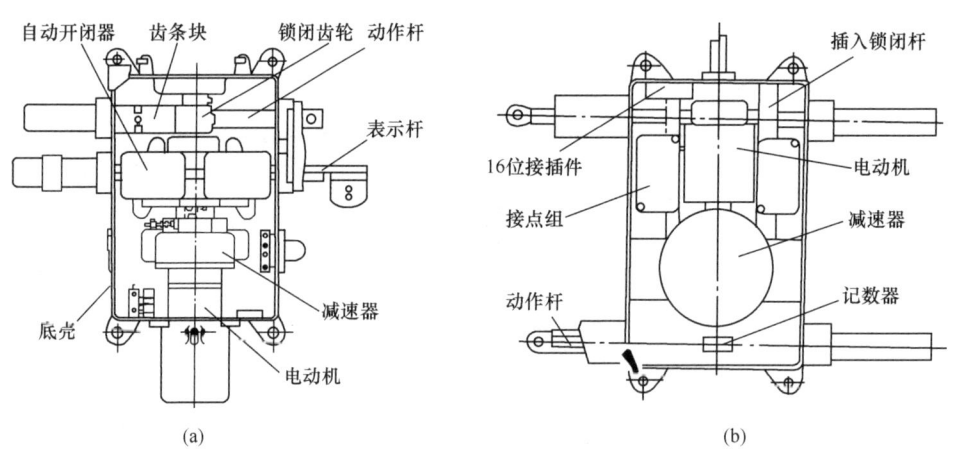

图3-5 ZD6、ZD8型电动转辙机的结构简图

ZD8、ZD8-A型电动转辙机供转换重型道岔使用,ZD8-A型电动转辙机是在ZD8型的基础上,改变了电动机的参数,使其动作电流减小到小于2A。这种电动转辙机的结构与ZD6型不同,电动机装于机壳内,它与封闭式两级减速器(retarder)的第一级减速的齿形齿轮对联结,大伞齿轮与摩擦联结器外壳联结,通过摩擦片传给一齿差的行星减速机构的输入轴,减速后由输出轴上的拐臂将力矩输出给动作杆和插入锁闭杆,带动道岔尖轨转换。

ZD6、ZD7及ZD8型电动转辙机的主要技术特性见表3-1。

表3-1 ZD型电动转辙机的主要技术特性

型号	额定负载 (N)	额定直流电压 (V) ≤	额定工作电流 (A) ≤	额定动作时间 (s) ≤	动作杆行程 (mm)	表示杆行程 (mm)
ZD6-A	2452	160	2.0	3.8	165	26~167

续表

型号	额定负载(N)	额定直流电压(V)≤	额定工作电流(A)≤	额定动作时间(s)≤	动作杆行程(mm)	表示杆行程(mm)
ZD6-D	3432	160	2.0	5.5	165	70～167
ZD6-E	5848	160	2.0 3.0（大功率电动机）	9.0 6.0（大功率电动机）	190	70～196
ZD7	147	200	5.0	0.8	156	86～162
ZD8	5884	160	4.2	6.5	200	152～192
ZD8-A	4903	160	2	10	200	152～192

  ZD6 型电动转辙机结构比较简单，适用于厂矿的地面及井下的电气集中站场。我国铁路站场的电气集中大都采用 ZD6 型电动转辙机。

  电动机作为电动转辙机的动力，要求具有足够大的功率，以获得必要的转矩和转速，并且在通以 1.5 倍工作电流 20min 的规定时间内，电动机温升不超过规定的绝缘等级温升，电动机不受损坏，为了转换道岔克服尖轨与滑床板间的最大静摩擦，要求电动机有较大的启动转矩，道岔需要向定位、反位转换，所以要求电动机能够逆转。

专业词汇汉英对照（Glossary）

专业词汇	拼音	英文
道岔	dàochà	turnout
尖轨	jiānguǐ	point rail
基本轨	jīběnguǐ	stock track
合龙轨	hélóngguǐ	closure rail
护轮轨	hùlúnguǐ	guard rail
脱轨	tuōguǐ	derailment
定位	dìngwèi	location
转辙机	zhuǎnzhéjī	switch
锁闭装置	suǒbì zhuāngzhì	locking device
列车冲撞	lièchē chōngzhuàng	train collision
挤岔	jǐchà	crowding fork
联锁	liánsuǒ	interlocking
单动道岔	dāndòng dàochà	single acting turnout
双动道岔	shuāngdòng dàochà	double acting turnout

思考题（Questions）

1. 什么是道岔？道岔的组成有哪些？
2. 电动转辙机的主要组成部件有哪些？
3. 我国目前所用的电动转辙机多采用哪种减速器？
4. 简述道岔号码的公式。
5. 什么是对向道岔和顺向道岔？

拓展阅读（Extensive Reading）

ZD6 型电动转辙机

一、ZD6 型电动转辙机的结构及传动原理

ZD6 型电动转辙机主要由电动机、减速器、摩擦联结器、自动开闭器、主轴、动作杆、表示杆、移位接触器及外壳等组成，其结构如图 3-6 所示。

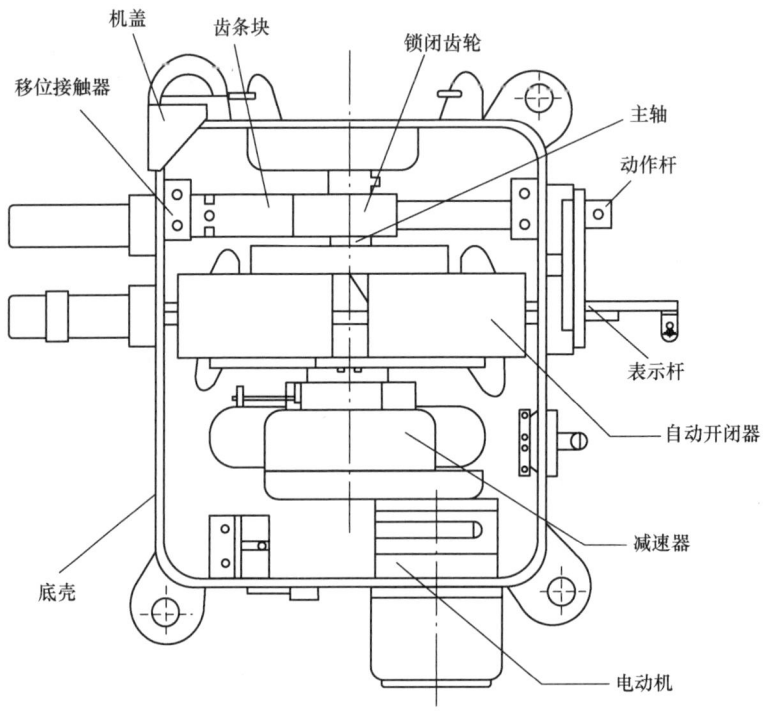

图 3-6　ZD6 型电动转辙机结构

图 3-7 为 ZD6 型电动转辙机的传动原理图，图中表示的各机件所处的位置是动作杆由右向左移动完毕后的停止状态。此时自动开闭器的第 1、第 3 两排接点闭合。

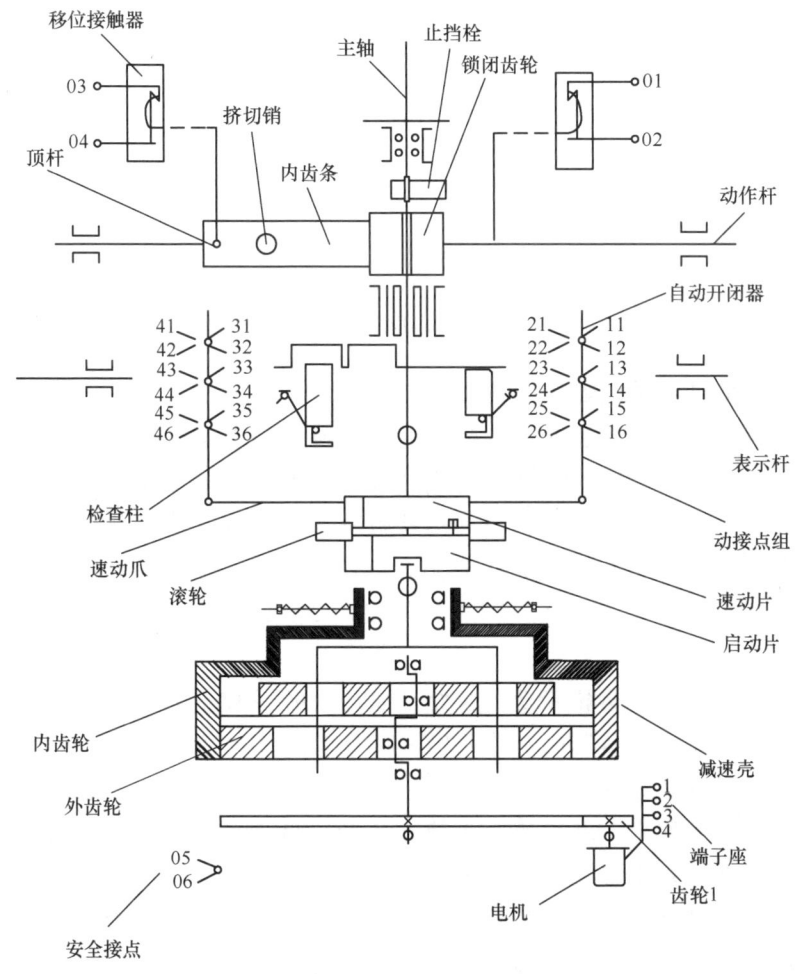

图 3-7　ZD6 型电动转辙机的传动原理图

二、ZD6 型电动转辙机的电机

ZD6 型电动转辙机配用的电动机为断续工作制直流串激可逆电机。直流电动机的正转与逆转可利用改变磁极磁场方向或电枢（转子）中的电流方向来实现。电动机的内部接线可以根据道岔控制电路的制式来改变，如四线制道岔控制电路用的电动机内部接线如图 3-8 所示，两个磁极的定子线圈通过公共端子分别与转子线圈串联，引出线分别用两黄、两红套管区分，并用不同径孔的引接片套在不同直径的端子螺丝上，这样只要按端子编号 1、2 为黄色，3、4为红色接线不致发生颠倒错接的现象。

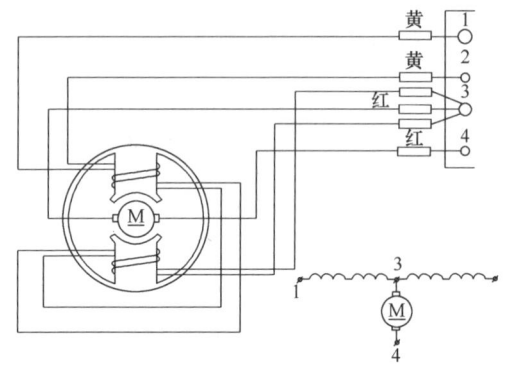

图 3-8　电动机内部接线

三、ZD6 型电动转辙机的减速器

电动转辙机因受体积和质量的限制，它所用的电动机的功率也不可能很大，一般只有 150～250W，为了得到更大的转矩来带动道岔转换，就必须利用减速器把转速降下来。ZD6 型电动转辙机的减速器是由两级组成，第一级为定轴传动外啮合齿轮，减速比为 103∶27；第二级为渐开线内啮合行星传动式减速器，减速比为 41∶（42～41），总减速比为 $103/27 \times [41/(42-41)] = 156.4$。

第一级就是以小齿轮带动大齿轮，它的动作原理很容易理解。这里只对第二级行星传动式减速器的动作原理说明如下：

行星传动式减速器如图 3-9 所示。在正常情况下，内齿轮靠摩擦联结器的摩擦作用被"固定"在减速壳内静止不动。内齿轮里装有外齿轮，外齿轮上有八个圆孔。每个圆孔内串有一根套有滚套的滚棒。这八根滚棒固定在输出轴的输出圆盘上，当外齿轮做摆动式旋转时，输出轴就随着旋转。而外齿轮是通过滚动轴承装在偏心的轴套上，偏心轴套又用键固定在输入轴上，输入轴随第一级减速齿轮 2 转动。

当输入轴随齿轮 2 顺时针方向旋转时，偏心轴套也顺时针旋转，由于偏心轴套的旋转，使外齿轮在内齿轮里沿内齿圈做逐齿啮合的偏心运动，当输入轴旋转一周，外齿轮亦做一周偏心运动。由于外齿共 41 个，内齿轮内圈上的齿槽共 42 个，二者相差一齿，因此，外齿轮做一周偏心运动时，外齿轮的齿 1 在内齿轮里错位一齿。由于在正常情况下，内齿轮是静止不动的，迫使外齿轮在一周的偏心运动中向反时针方向旋转一齿的角度（图 3-9），外齿轮的齿 1 从原来的 A 位进入至 B，而齿 2 则进入 A。当输入轴顺时针方向旋转 41 周，齿 1 又将沿反时针方向返回原位 A，即外齿轮反时针方向旋转一周，

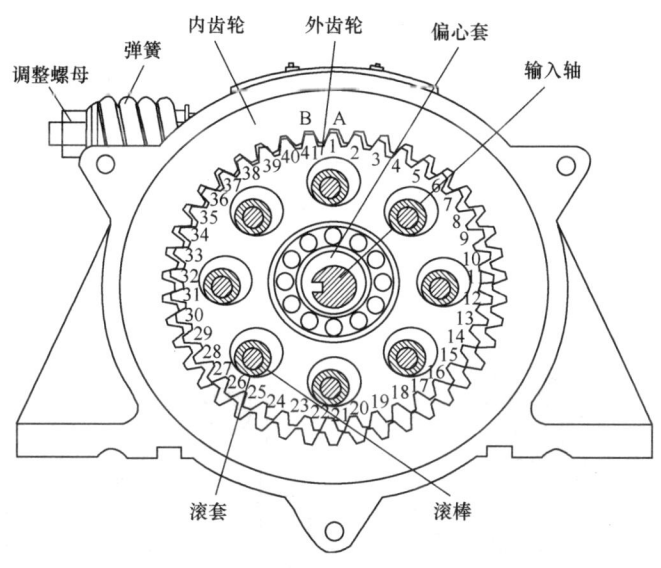

图 3-9 行星传动式减速器

带动输出轴反时针方向旋转一周,从而达到减速的目的。因为外齿轮的运动类似宇宙行星的运动,所以外齿轮称为行星齿轮,这种减速器也称为行星传动式减速器。

四、ZD6 型电动转辙机的转换锁闭装置

ZD6 型电动转辙机的转换锁闭装置主要由锁闭齿轮和齿条块等组成。它们不仅是完成从旋转运动改变为直线运动牵引道岔尖轨的机件,而且利用在齿条块上特制的削尖齿和锁闭齿轮上的圆弧构成了内部锁闭的装置,因此称为转换锁闭装置。

锁闭齿轮共有七个齿,其中 1 和 7 是位于中间的启动小齿。在两个启动小齿之间的是锁闭圆弧,如图 3-10 所示。齿条块上面共有六个齿七个齿槽,如图 3-11 所示。中间四个是完整的齿,两边两个是中间有缺槽的削尖齿,这缺槽是为锁闭齿轮上的启动小齿能顺利通过而设。

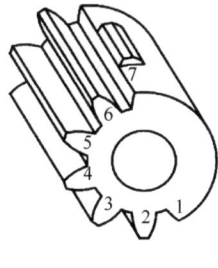

图 3-10 锁闭齿轮

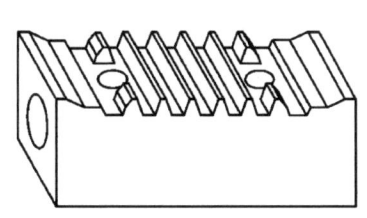

图 3-11 齿条块

当道岔在定位或反位，尖轨与基本轨密贴时，锁闭齿轮的圆弧面与齿条块的削尖齿面重合，如图3-12、图3-13所示，这时如道岔尖轨受到外力要使尖轨往回移动，或列车经过道岔尖轨时，使齿条块受到水平移动的作用力，而这个力只能沿着锁闭圆弧的半径方向传给锁闭齿轮，所以锁闭齿轮不可能转动，齿条块也不能移动，被固定在齿条块圆孔中的动作杆也不能移动，这样就实现了对道岔位置的锁闭作用。

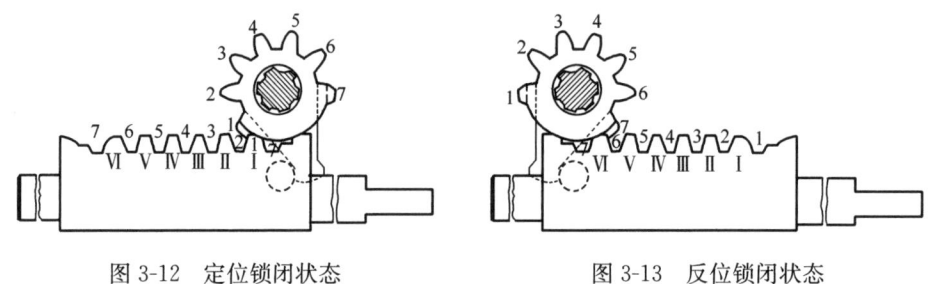

图3-12　定位锁闭状态　　　　　　图3-13　反位锁闭状态

假设图3-12的状态为定位锁闭状态，若要道岔转至反位，接通电动机的规定方向电源，电动机反时针方向转动，输入轴顺时针方向转动，则使输出轴反时针方向转动，并通过启动片带动主轴及锁闭齿轮也反时针方向转动。当锁闭齿轮反时针方向转动时，首先锁闭齿轮的锁闭圆弧面在齿条块的削尖齿上滑退，这时锁闭齿轮上的启动小齿1从削尖齿Ⅰ旁边经过。

当主轴旋转32.9°（相当于手摇把摇动3.7周）时，锁闭圆弧面全部由削尖齿上滑开，启动小齿1与齿条块上槽1的右侧接触，这时已解锁完毕，这个过程就是"解锁"过程。

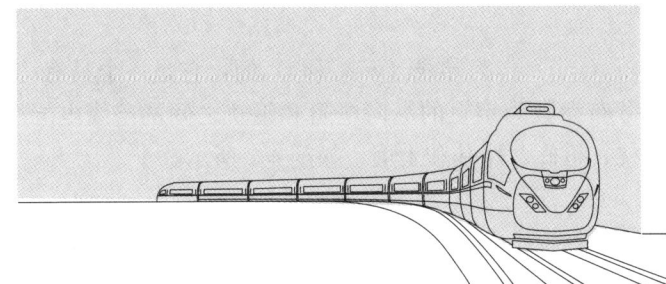

第 四 章

轨道电路
Track Circuit

第一节 轨道电路的基本概念 (Basic Concept of Track Circuit)

轨道电路是以铁路线路的两根钢轨作为导体，两端加以电气绝缘或电气分割，并接上送电和受电设备构成的电路。最简单的轨道电路结构形式如图 4-1 所示。

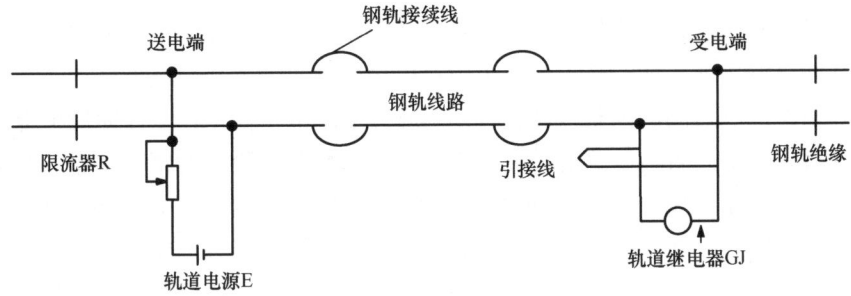

图 4-1 轨道电路的结构

轨道电路的送电设备安装在送电端（又称电源端或始端），它由轨道电源（current source）E 和限流器（current limiter）R 组成。根据轨道电路类型的不同，轨道电源可用铅蓄电池浮充供电（或其他直流电源），也可以用轨道变压器或变频器、信号发生器供电。限流器一般为电阻器（resistance），也可以采用电抗器（reactor），它的作用是保护电源（current source）设备不因过负荷而损坏，并保证在列车占用轨道电路时，轨道继电器能可靠地落下，对某些交流轨道电路而言，它还兼有相位调整的功效。轨道电源采用由电子器件组成的信号发生器时，一般都不设限流器。

轨道电路是以铁路的钢轨（rail）作为导线（wireway）的，它是一个具有均匀分布参数的电路，其均匀分布参数为钢轨的纵向电阻和钢轨之间的绝缘电导。钢轨导线之间的绝缘包括轨枕、道砟、路基和土壤，如图 4-2 所示。

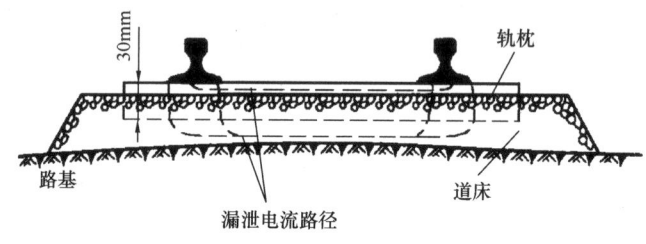

图 4-2　轨道电路示意图

为了减小钢轨的纵向电阻，在轨条的连接处增设了轨端接续线。钢轨绝缘是为了分隔相邻轨道电路而装设的，从电的方面加以绝缘，但是，相邻钢轨线路之间通过大地仍旧保持着联系，从而给电流形成了附加的通路，使轨道电路的传输复杂化。

轨道电路的接收设备安装在受电端（又称继电器端或终端），目前接收器主要采用的是继电器（称轨道继电器 GJ），由它来接收轨道信号电流。电子轨道电路的接收设备一般都采用电子器件，其作用和轨道继电器相同。

送电和接收设备一般放在轨道旁边的变压器箱、继电器箱或信号楼内，直接由引接线（钢丝绳）或通过电缆再由引接线接向钢轨。

两组绝缘节之间的钢轨线路（即从送电端到受电端之间），称为轨道电路的控制区段，也就是轨道电路的长度。当轨道电路控制区段内的钢轨完整，且无列车占用（即线路空闲）时，通过轨道继电器的电流（electric current）比较大，轨道继电器励磁吸起，前接点闭合，利用轨道继电器前接点的闭合条件，接通信号机（annunciator）的绿灯电路，信号开放，表示轨道电路设备完整、没有被列车占用，允许列车进入该区段，如图 4-3（a）所示。

轨道电路若被列车占用，即轨道电路被列车轮对分路，因而钢轨中的信号电流同时通过机车车辆的轮对，由于轮对电阻比轨道继电器线圈的电阻小得多，所以电源输出的电流显著增大，限流器 R 上的压降随之增加，两根钢轨间的电压降低，当流经轨道继电器线圈的电流减少到它的落下值时，衔铁释放，后接点闭合，信号机的绿灯电路切断，信号关闭。同时利用其后接点的闭合条件，接通信号机的红灯电路，这样就表示轨道电路已被占用，向续行列车显示禁止信号，如图 4-3（b）所示。当轨道电路某一设备损坏，如引接线或钢轨折断时，轨道继电器也会因得不到足够的电流而失磁，同样使信号机红灯亮，禁止列车进入该区段，以保证行车安全。

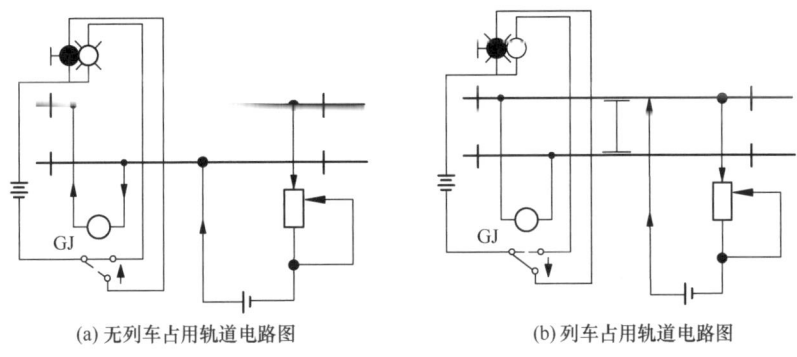

图 4-3　轨道电路的工作原理

轨道电路的工作状态由接收器即轨道继电器反映出来，轨道继电器的接点又控制着信号机的显示，信号机的显示指示着列车的运行，列车的运行又改变了轨道电路的工作状态，就这样构成了自动控制系统。当然上面所讲的只是它的基本原理，实际电路还要比这复杂得多。区间自动闭塞就是利用轨道电路传递前方列车运行的信息，自动地指挥后方续行列车的。在没有连续式机车自动信号的自动闭塞区段，还可以利用轨道电路实现地面信号设备与机车信号设备间的自动遥控联系。在车站的股道和道岔区段装设了轨道电路，同样也构成了车站自动控制系统。由此可见，轨道电路已成为构成现代化铁路信号设备的基础，它能否正常工作，直接关系到行车安全和行车效率。

第二节　轨道电路的分类 (Classification of Track Circuit)

在铁路运输中，由于轨道电路的技术要求及运行条件不同，所以轨道电路的种类很多。又由于分类方法不同，同一种轨道电路，也会有不同的名称。

一、按工作原理分类

轨道电路的种类按其工作原理分可分为闭路式轨道电路和开路式轨道电路；传导式轨道电路和感应式轨道电路。

图 4-4（a）是闭路式轨道电路的结构原理图，其发送设备（电源，current source）和接收设备（轨道继电器）分别装设在轨道电路的两端。控制区段没有列车占用时，轨道继电器励磁吸起；有车占用时，则轨道继电器失磁落下。当发生断线、断轨或绝缘破损等故障时，由于流经轨道继电器线圈的电流大大减少，所以轨道继电器也会落下，这就符合信号设备一旦发生故障应导向安全的原则。

图 4-4（b）是开路式轨道电路的结构原理图，它的发送设备和接收设备都安装在轨道电路的同一端。控制区段内无车占用时，虽然通过钢轨间的绝缘电导

（道砟电阻）构成电路，有极少电流会流经轨道继电器的线圈，但并不足以使它吸起衔铁。当列车占用轨道电路时，轨道电路通过轮轴使轨道继电器线圈中的电流增加，当达到工作值时，吸起衔铁，闭合前接点。这种轨道电路平时不能检查钢轨及轨道电路其他器件的完整性。而且，在发生上述故障后，即使有车占用也检查不出来，这就不符合"故障—安全"的原则，一般情况下都不采用该种轨道电路。然而，开路式轨道电路对列车的占用反应比较迅速，平时消耗电能较少。因此在驼峰查信号设备以及电源比较困难的半自动闭塞区段，常采用两段开路或一段开路一段闭路的形式构成轨道电路。

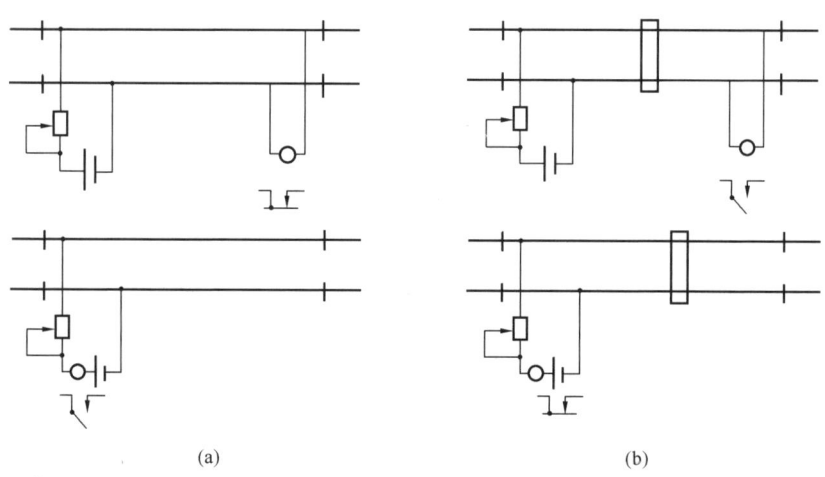

图 4-4　闭路式轨道电路和开路式轨道电路

传导式轨道电路又称为电压式轨道电路，感应式轨道电路又称为电流式轨道电路。图 4-1 所示为带有电压式接收器的轨道电路。图 4-5 所示为带有电流式接收器的无绝缘轨道电路。由电源送出的交流信号电流 I_s 沿钢轨流经负载阻抗 Z 时，在钢轨周围产生交变磁场，磁场中放置电感接收线圈 L，线圈中感生电动

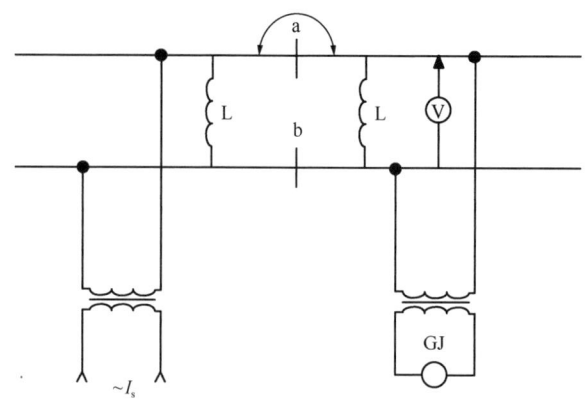

图 4-5　感应式无绝缘轨道电路

势，使电流接收器 GJ 工作。

二、按信号电流性质分类

轨道电路的分类按信号电流的性质可分为直流轨道电路和交流轨道电路。轨道电路的电源采用直流供电时，称为直流连续供电式轨道电路，如图4-6所示。它常用在交流电源不可靠的非电力牵引区段，当交流停电时，由平时浮充供电的蓄电池供电。由于该轨道电路安装电源设备较困难、检修也不方便和容易受迷流的干扰等原因，近年新安装的轨道电路很少采用这种轨道电路。

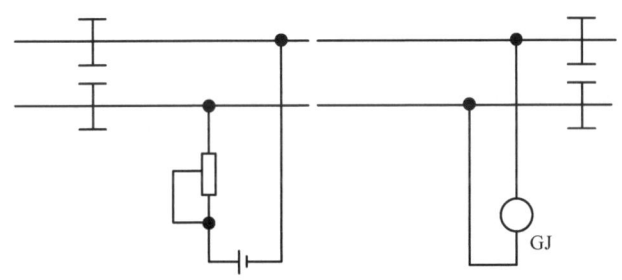

图4-6 直流连续供电式轨道电路

采用交流供电的轨道电路，称为交流轨道电路。交流的频带用得很宽，大致可分为三段：低频300Hz以下、音频300～3000Hz和高频10～20kHz。习惯上交流轨道电路就是指工频50Hz电源的轨道电路，电源频率为25Hz和75Hz的轨道电路也属于交流轨道电路的范畴，但为了有所区别，要在名称上注明电源的频率（frequency）。

在我国铁路信号设备中，采用过的交流轨道电路类型是很多的，但目前应用比较广泛的是交流连续式安全型整流轨道电路，有时简称"480"型轨道电路，这是因为它的轨道继电器线圈的串联电阻值是480Ω而得名的。图4-7就是该轨道电路的结构图。它由50Hz 220V 供电，经 BG 型轨道变压器、限流电阻 Rs 降压后送入钢轨线路，轨道信号经钢轨传输到受电端，由 BZ 型中继变压器升压后去动作 GJ 轨道继电器（带整流的直流无极继电器JZXC-480）。

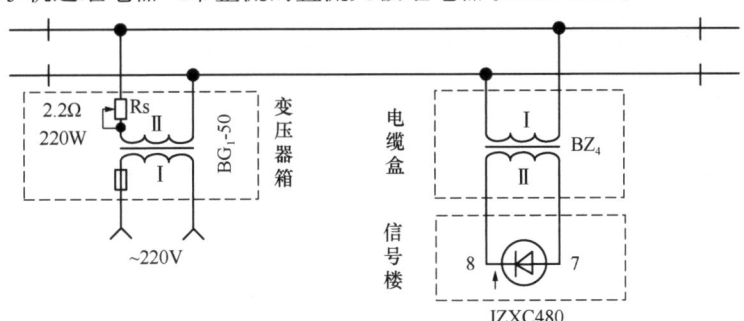

图4-7 交流连续式"480"型轨道电路

由于在电化区段的钢轨线路上,除有轨道电路的信号电流 I_s 外,还有电力机车用的 50Hz 牵引电流 I_q,所以"480"型轨道电路只能用于非电化区段的铁路上。

25Hz 相敏轨道电路和移频轨道电路也属于交流连续式轨道电路,它们适用于电化与非电化区段。图 4-8 就是电化区段用的双扼流 25Hz 相敏轨道电路,其特点之一是轨道电路的信号电源由铁磁分频器供给 25Hz 交流电,以区分 50Hz 牵引电流。特点之二是接收器采用二元二位相敏轨道继电器(JR JC)。该继电器的轨道线圈由送电端 25Hz 电源经钢轨传输后供电,局部线圈则由 25Hz 局部分频器供电。轨道继电器工作时,从轨道电路取得较小的功率(约 0.57W),而大部分功率是通过局部线圈取自局部电源(约 8W),因而轨道电路的控制距离可以延长。同时该轨道电路具有可靠的频率选择性和相位选择性,因而它的抗干扰能力较强。

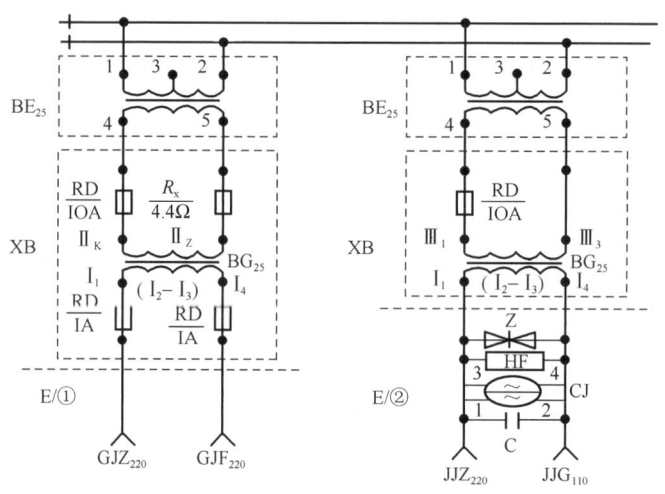

图 4-8 双扼流 25Hz 相敏轨道电路

移频轨道电路可分非电化区段、电化区段站内和电化区间三种轨道电路,这三种电路的动作原理是相同的,电路结构原理如图 4-9 所示。送电端发送的信号,由功率放大器直接馈送到钢轨上,图中的 R_0 是引接线电阻,在送电端不设调整电压的元件,因而送电端的电压是不可调的。但由于发送设备由电子器件组成,因而送电端的输出电压将会受到电源电压的波动及轨道电路输入阻抗模值变化的影响。在受电端,为了使所收到的信号电平比较稳定,轨道上送来的信号要经过衰耗器再接至有关设备。衰耗器中串接可调电阻 R_t,根据轨道电路的长度及线路电流漏泄情况,调节 R_t 的阻值,就可以达到调整轨道电路接收端电平的目的。

移频轨道电路在钢轨上传送的是经低频调制过的音频信号,该信号是振幅不

第四章 轨道电路
Track Circuit

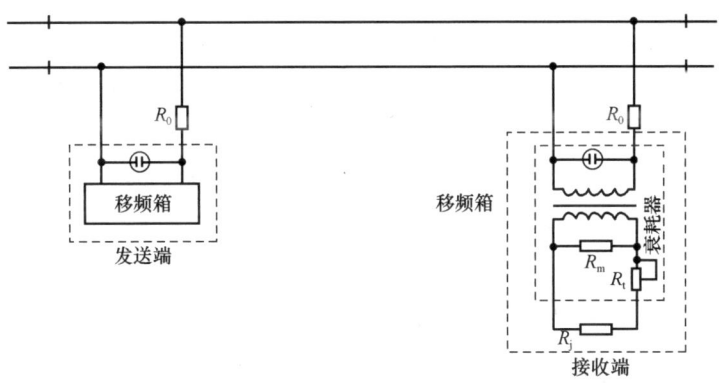

图 4-9　移频轨道电路结构框图

变、频率由 f_1 与 f_2 交替变化的移频波，音频 f_1 与 f_2 交替变化的频率则由低频信息决定，移频信号波形如图 4-10 所示。从图中可以看出，移频信号的变化规律是以载频信号 f_0 为中心、做上、下频率的偏移，当有调制信号脉冲时，中心载频 f_0 向上偏移 Δf，即为 $f_0 + \Delta f$。当无调制信号脉冲时，中心载频 f_0 向下偏移 Δf，即为 $f_0 - \Delta f$。在移频信号的传输中，中心载频 f_0 实际是不存在的。

站内移频轨道电路的中心载频频率选用 300Hz、400Hz、500Hz 三种，频偏 Δf 为 18Hz，调制信号频率为 8Hz。区间移频轨道电路的中心载频频率有四种，上行线为 650Hz 和 850Hz，下行线为 550Hz 和 750Hz。频偏 Δf 为 55Hz，调制信号的频率采用 11Hz、15Hz、20Hz 和 26Hz 四种。

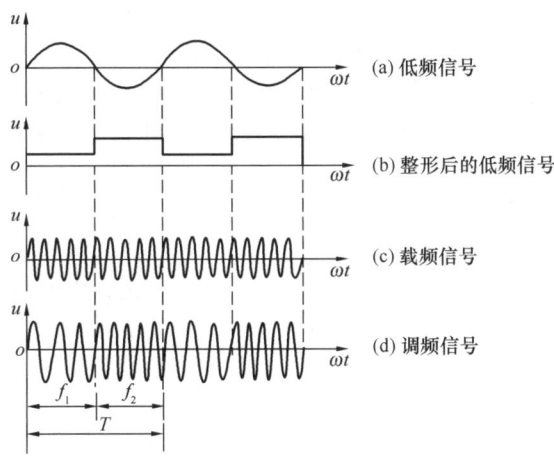

图 4-10　移频信号波形图

三、按供电方式分类

轨道电路的分类按供电方式可分为连续式轨道电路和脉冲（pulse）式轨道

电路。

1. 连续式轨道电路。即轨道电路的电源供应连续的直流或交流电流，轨道继电器在轨道空闲、设备完整的情况下经常吸起，这时轨道继电器线圈中的电流必须在工作值以上或等于工作值。当轨道电路被车占用或断轨情况下，通过轨道继电器的电流必须降低到小于或等于可靠落下值。一般电磁继电器的落下值为工作值的50%，而可靠落下值为落下值的60%。因此，连续式轨道电路当被列车占用或断轨时，轨道继电器线圈中的电流必须减小到工作值的20%，才能保证行车安全，这样，轨道电路的极限长度被限制在1500m左右。

2. 脉冲（pulse）式轨道电路。是间歇（断续）供电的，在轨道空闲时，其轨道继电器线圈中的电流也是断续的，所以它的衔铁是随着送电端的供电而脉动，为了在正常情况下轨道继电器能可靠地脉动，所以规定此时继电器线圈中通入的电流值应是工作值的1.2倍（称可靠工作值）。由于轨道继电器的衔铁在脉冲间隔里自动落下，所以当轨道电路被列车占用或断轨时，只要求轨道继电器不吸起，这时轨道继电器线圈中的电流应小于或等于继电器的可靠不吸起值（以JM型轨道继电器为例，即工作值的72%）就可以了。由此，脉冲式轨道电路的极限长度一般可达2500m以上。

由于脉冲式轨道电路的轨道继电器处于脉动状态，因此当外界窜入一个连续的干扰信号，或是一个与原来送电端不相符的干扰脉冲时，接收设备是可以鉴别出来的。譬如，干扰使得图4-11中FGJ经常吸起，但其复示继电器也会落下，而在连续式轨道电路中，即使列车占用，但在强干扰信号的作用下，也有可能使轨道继电器保持吸起，这当然是不允许的。由此可见，脉冲式轨道电路的抗干扰性能是比较好的。另外，通过对脉冲的编制，把它组成电码，则可经由轨道电路进行多种信息的传递，在自动闭塞和机车信号设备中，使轨道电路不仅仅起到检查轨道空闲、占用、断轨等功能，还进一步扩大了轨道的通道作用。

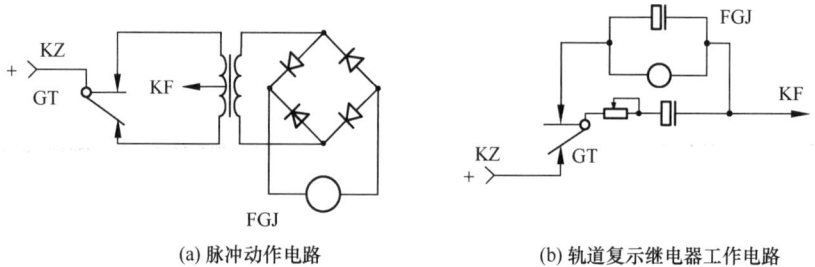

(a) 脉冲动作电路　　　　(b) 轨道复示继电器工作电路

图 4-11　脉冲轨道继电器动作原理

第四章 轨道电路 Track Circuit

专业词汇汉英对照（Glossary）

专业词汇	拼音	英文
限流器	xiànliúqì	current limiter
导线	dǎoxiàn	wireway
电阻器	diànzǔqì	resistance
钢轨	gāngguǐ	rail
电抗器	diànkàngqì	reactor
信号机	xìnhàojī	annunciator
电源	diànyuán	current source
频率	pínlǜ	frequency
电流	diànliú	electric current
脉冲	màichōng	pulse

思考题（Questions）

1. 什么是轨道电路？请简述其基本概念。
2. 轨道电路的均匀分布参数有哪些？
3. 轨道电路可以分为哪几类？
4. 双扼流25Hz相敏轨道电路有什么特点？
5. 列举出几种脉冲式轨道电路。

拓展阅读（Extensive Reading）

随着我国铁路建设的不断发展，我国自主研制的ZPW-2000轨道电路被广泛应用于普速铁路及客运专线。ZPW-2000轨道电路由于受施工环境及工作环境的影响，工作在比较恶劣的环境下，故障发生的概率就比较高，同时解决问题的时间也比较长。据不完全统计，平均每件轨道电路故障的处置时间超过45分钟，因此ZPW-2000轨道电路中的故障是目前我国轨道电路智能诊断的主要研究对象。

一、ZPW-2000 轨道电路主要故障分类

1. 开路、短路现象

传输通道中存在开路、短路现象，因轨道电路是一个闭环回路，当传输通道中存在开路、短路时，会导致信号无法正常传输，影响设备的正常使用。在轨道电路的闭环回路中，如果出现断轨、电子设备器材性能不良、电缆断线、楼内传输软线断线或短路等现象，就会导致轨道电路故障。

2. 道床电阻的影响

道床电阻是指单位长度内，移频信号在钢轨传输过程中，经由道床形成漏泄通路，将漏泄通路换算得到的阻值视为道床电阻。道床电阻与道床类型、信号制式、气候条件等因素相关，当道床电阻降低时，则钢轨之间的泄漏增加，在发送的信号电压不变时，接收到的电压将会下降，当降到门限时，轨道继电器落下，造成红光带。

3. 电子元器件故障

电子元器件的工作状况直接影响轨道电路的正常运行。移频轨道电路中所使用的电子元器件种类繁多，电子器材的质量、使用寿命、安全可靠性、故障是否导向安全等问题越加凸显。电子元器件随时间的变化，失效周期一般分为早期磨合期、中期偶发期、后期寿命期三个阶段。在经过早期磨合过后，电子元器件的正常工作比较稳定，性能可能因其工作场所的不同，寿命时间会有所变化。从失效模式来看，主要有短路、开路、性能指数变化、变形或破损等。电子元器件短路、开路及参数变化都会对轨道电路造成影响，有可能直接引起设备的故障。

4. 外界环境影响

外界环境会对轨道电路故障的发生产生直接的影响，如异物侵限、雷电灾害、人为因素等。(1) 异物侵限是保证异物掉落铁路线路时，能够使控制台显示红光带，阻止后续列车的进入，确保行车安全。(2) 雷电灾害：钢轨线路有可能遭受到直击雷后，线路中的大电流通过轨道电路串入机械室内部，从而造成轨道设备不同程度的损坏，有可能发生继电器误动作，严重威胁着铁路安全。(3) 人为因素：因人为对轨道电路产生的破坏导致轨道电路错误显示，属于不确定因素。

5. 轮轨接触电阻

室外环境相对来说比较恶劣，受气候、环境等影响较大，容易造成钢轨锈蚀、轨面黏着杂物，造成轮对接触电阻过大，而轨道电路是通过钢轨来实现列车占用情况检查，如接触电阻过大时，容易导致轨面残压较高，室内接收电压超过门限值，继电器不能正常落下，错误反映室外列车占用情况，给

列车运行带来极大的安全隐患。

二、轨道电路诊断技术

轨道电路诊断技术在不断进步，从人工到智能分析，一般分为四个阶段：

1. 人工巡检——这是早期的设备维护方法，因现场维修维护工作人员的劳动作业强度大、故障处置时效率非常低，且存在人工经验参差不齐的情况，导致故障解决存在较大差距，不再适应铁路发展需要，一般该方式多用来对设备故障维修前后的核查。

2. 信号微机监测——对关键信号的相关设备和部位进行实时数据监测和采集，融合现代传感技术、现场总线技术、计算机网络技术以及改变管理方式等，帮助现场维修人员掌握设备状态。但是需要安排人员对日常数据进行分析和判断，给设备维护人员增加了新的工作量，同时也可能因人员素质等各方面的原因不能及时分析出设备隐患。

3. 电务检测车和综合检测列车——该方式不仅可以对电流传输性能进行监测分析，还可通过曲线判断补偿电容是否失效。但由于检测列车是按周期对线路情况进行检测，因此该方法不能实时掌握线路信息，当补偿电容工作状态不良时，不能得到实时的故障信息。

4. 人工智能诊断——故障诊断技术发展迅速，设计专家通过一些先进的方法，使计算机系统逻辑判断能力能够接近人类的思维方法，以全面的知识、先进的诊断理念、高新的技术手段为核心，进行设备状态盯控、故障趋势判断、故障智能诊断，保证设备的正常工作。

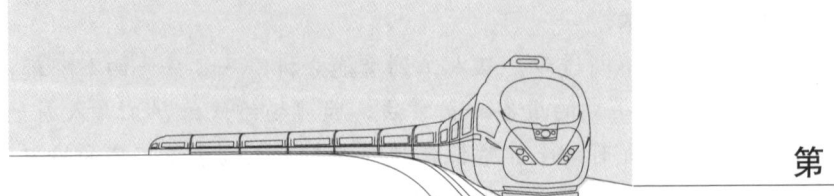

第五章

区间闭塞系统
Section Block System

第一节 概述（Summary）

闭塞（occlusion）设备是以空间间隔（interval）的方法保证区间行车安全、提高运输效率的区间信号设备。我国铁路目前主要使用半自动闭塞和自动闭塞。半自动闭塞主要用于单线铁路，自动闭塞主要用于双线铁路。

区间指的是两个车站（或线路所）之间的铁路线。两站之间的区间称为站间区间，车站与线路所之间的区间称为所间区间。根据区间线路的数目，区间分为单线区间、双线区间和多线区间（如三线区间）。

车站向区间发车时，必须确认区间无车，在单线区间还必须防止两站同时向一个区间发车。为此要求按照一定的方法组织列车在区间的运行［用信号或行车凭证（voucher）］一般称为行车闭塞法，简称闭塞（occlusion）。用以完成闭塞作用的设备称为闭塞设备。

行车闭塞制式大致经历了电报或电话闭塞—路签（train-staff）或路牌闭塞—半自动闭塞—自动闭塞的发展过程。目前我国铁路，双线多采用自动闭塞，单线多为半自动闭塞。电话闭塞则是当上述基本闭塞设备不能使用时，根据列车调度员的命令所采用的代用闭塞方法。

第二节 半自动闭塞（Semi-automatic Block）

一、基本概念

半自动闭塞以出站信号机的允许信号显示作为发车凭证（voucher），发车站的出站信号机（或线路所的通过信号机）必须经两站同意、办理闭塞手续后才能开放,列车进入区间自动关闭;而且在列车未到达接车站以前,向该区间发车用的所有信号机都不得开放,这就保证了两站间的区间内同时只有一列列车运行。

继电半自动闭塞在各区间的相接车站都装有半自动闭塞机,是以继电逻辑电路完成区间闭塞作用的。半自动闭塞区间不设轨道电路,不能监督列车在区间是否遗留车辆,列车的整列到达必须依靠车站值班员的确认,以专用的复原按钮发送到达复原信号之后,区间才能解除闭塞,因此是半自动的。

二、设备组成

目前,我国铁路使用最多的是用于单线的 64D 型继电半自动闭塞。64D 型继电半自动闭塞设备由半自动闭塞机、半自动闭塞用的轨道电路、操纵和表示设备以及闭塞电源、闭塞外线等部分组成。此外,还包括车站的出站信号机。它们之间用电路相连,以实现彼此间的联系。为了实现闭塞设备之间的相互联系和控制,在相邻两站属于同区间的两台闭塞机之间,用两条外线连接。64D 型继电半自动闭塞设备间的联系如图 5-1 所示。

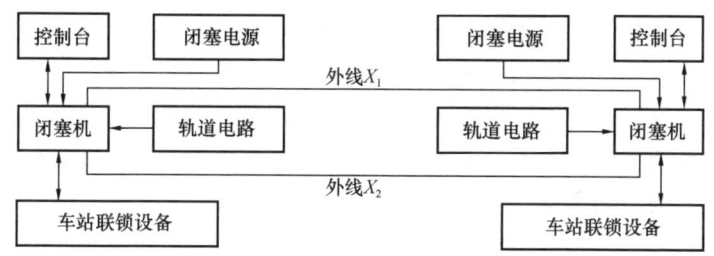

图 5-1 64D 型继电半自动闭塞设备间的联系示意图

闭塞机是半自动闭塞的核心,它由继电器、电阻电容等组成,完成闭塞作用。

继电半自动闭塞轨道电路的作用:一是监督列车的出发,使发车站闭塞机闭塞;二是监督列车的到达,然后由车站值班员办理到达复原。由于这两个作用(尤其是第一个作用)的重要性,用轨道电路不仅能稳定可靠地工作,而且要满足"故障—安全"要求。在电气设备集中联锁车站不必单独设置半自动闭塞用轨道电路,只要将站内相关的轨道电路条件加在半自动闭塞的电路中即可。

继电半自动闭塞的操纵和表示设备有按钮、表示灯、电铃和计数器。这些元件安装在控制台上。按钮用来办理闭塞和复原。表示灯闭塞设备的状态,电铃是音响信号,表示办理闭塞的不同过程。计数器用来记录办理事故复原的次数。

半自动闭塞的外线原是和站间闭塞电话线共用的,但随着干线电缆(cable)或光缆线路的发展,两者最好分开。

继电半自动闭塞是我国铁路的主要闭塞制式之一，根据铁路运营实际需要，大多数单线采用的是半自动闭塞。它具有设备简单、动作稳定、使用方便、维修容易、投资少、安装快等优点。它在保证行车安全、提高运输效率及改善劳动条件等方面发挥了显著的作用。

半自动闭塞存在的主要问题是设备本身不包括区间空闲检查设备，需要车站值班员监督列车完整到达。在区间遗留车辆或车辆溜车的情况下，极易造成事故。另外，事故复原不检查任何条件，即可解除闭塞，十分危险，改进的方法是在区间加装计轴器或长轨道电路，或者在繁忙单线建设自动闭塞。

第三节 自动闭塞（Automatic Block）

一、基本概念

自动闭塞是根据列车运行及有关闭塞分区状态，在列车的作用下自动变换通过信号机显示，司机凭信号行车的闭塞方式。采用自动闭塞的区段，将站间区间划分为若干个小区间，叫作闭塞分区。在每个闭塞分区入口处（始端）装设通过信号机，自动闭塞示意图如图 5-2 所示。在整个自动闭塞区段，各闭塞分区都设有轨道电路。通过轨道电路将列车运行和通过信号机的显示联系起来，根据列车运行自动变换通过信号机的显示，在列车运行过程中自动完成闭塞作用，无须人工参与，故称为自动闭塞。

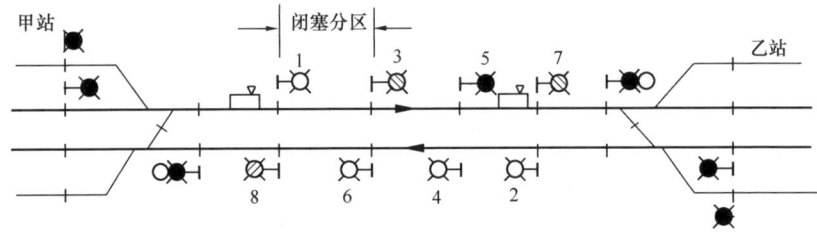

图 5-2 自动闭塞示意图

二、自动闭塞的优点

自动闭塞和半自动闭塞相比，有以下优点：

1. 由于两站间的区间允许续行列车追踪运行，就大幅度地提高了行车密度，显著地提高了区间通过能力。

2. 由于不需要办理闭塞手续，简化了办理接发列车的程序，因而既提高了通过能力，又大大减轻了车站值班员的劳动强度。

3. 由于通过信号机的显示能直接反映运行列车所在位置以及线路状态，因而确保了列车在区间运行的安全。

三、自动闭塞的分类

1. 单向自动闭塞和双向自动闭塞

自动闭塞按行车组织方法可分为单线双向自动闭塞、双线单向自动闭塞和双线双向自动闭塞。在单线区段，既要运行上行列车又要运行下行列车，为了调整双向列车的运行，在线路两侧都要装设通过信号机，这种自动闭塞称为单线双向自动闭塞，如图 5-3 所示。

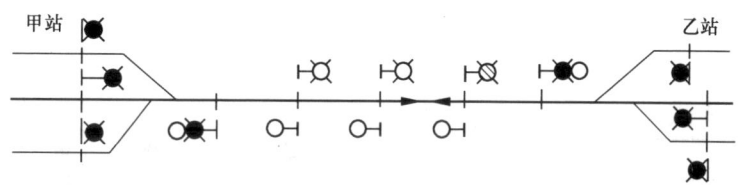

图 5-3　单线双向自动闭塞

在双线区段，以前多采用单向运行的方式，即一条铁路线只允许上行列车运行，而另一条铁路线只允许下行列车运行。为此，对于每条铁路线仅在一侧设通过信号机，这样的自动闭塞称为双线单向自动闭塞。

为了充分发挥铁路线路的运输能力，在双线区段的每条线路上都能双向运行列车，这样的自动闭塞称为双线双向自动闭塞。其地面通过信号机的设置同双线单向自动闭塞。反向按站间闭塞行车，反向不设通过信号机，反向运行的列车按机车信号显示作为行车凭证。

双线单向自动闭塞只防护列车的尾部，而单线和双线双向自动闭塞必须对列车的尾部和头部两个方向进行防护。为了防止两方向的列车正面冲突，平时规定正向通过信号机亮灯，反向通过信号机灭灯或双线反向的机车信号没有信息。只有在需要改变运行方向，而且在区间空闲的条件下，由车站值班员办理一定的手续后才能允许反向的列车运行。所以单线自动闭塞和双线双向自动闭塞必须设改变运行方向电路。

2. 三显示和四显示自动闭塞

自动闭塞按通过信号机的显示制式分为三显示自动闭塞和四显示自动闭塞。

三显示自动闭塞的通过信号机有三种显示，能预告列车运行前方两个闭塞分区的状态，它使列车经常按规定速度在绿灯下运行，并可得到运行前方通过信号机显示的预告，在未提速的情况下基本上既能满足运行要求，又能保证行车安全，因此应用广泛。

列车在三显示自动闭塞区段运行，越过显示黄灯的通过信号机时开始减速，至次架显示红灯的通过信号机前停车，因此要求每个闭塞分区的长度绝对不能小于列车的制动距离。随着列车速度和密度的不断提高，在一些繁忙的客货混运区段，各种列车运行的速度和制动距离相差很大，三显示自动闭塞不能解决这一矛盾，所以采用四显示自动闭塞。

四显示自动闭塞是在三显示自动闭塞的基础上增加一种绿黄显示，如图 5-4 所示。它能预告列车运行前方三个闭塞分区的状态。规定高速列车以规定的速度越过绿黄显示的通过信号机后必须减速，以使列车在抵达黄灯显示的通过信号机时不大于规定的允许速度，保证在显示红灯的通过信号机前停车。而对于低速、制动距离短的列车越过绿黄显示的通过信号机后可不减速。由于增加了绿黄显示，就圆满地解决了上述矛盾。

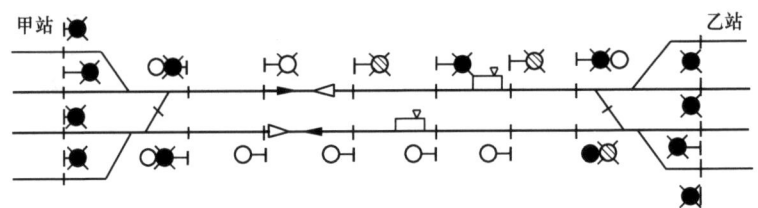

图 5-4　四显示自动闭塞

四显示自动闭塞是具有速度含义的速差式自动闭塞，其每种显示都具有明确的速度含义。用两个闭塞分区满足一个列车全制动距离，能确保行车安全。《技规》规定，列车运行速度在 120km/h 以上的区段必须采用速差式自动闭塞。速差式自动闭塞还可压缩列车追踪间隔，以进一步提高行车密度。

3. 有绝缘和无绝缘自动闭塞

自动闭塞按检测列车位置的方式可分为轨道电路方式和计轴器（axle counter）方式两大类。多数自动闭塞采用轨道电路来检测列车运行的位置。按所采用轨道电路不同，又可分为有绝缘轨道电路和无绝缘轨道电路。以前多数自动闭塞所用为有绝缘轨道电路。随着长钢轨的使用和电气化（electrification）铁路的发展，不宜装设机械绝缘节，逐步发展无绝缘轨道电路。现在发展的是无绝缘轨道电路的自动闭塞。

4. 移频自动闭塞

按信息特征自动闭塞曾有交流计数、极频和移频（4 信息）三种制式，这三种制式的共同缺点是信息量少、可靠性不高，难以适应铁路发展的需要，必须加速淘汰。因此应发展多信息移频自动闭塞。由于 8 信息和 18 信息移频自动闭塞的载频、频偏选择不当，使轨道电路存在传输特性差、邻线干扰、半边侵入等问题，尤其是没有断轨检查功能，必须进行技术改进。目前则发展 ZPW-2000 系列无绝缘移频自动闭塞，作为自动闭塞的统一制式。

移频自动闭塞以钢轨作为通道，采用移频信号的形式传输控制信号，自动控制区间通过信号机的显示，以指示列车运行。

ZPW-2000 系列移频自动闭塞载频中心频率 f_0 选为 1700Hz、2000Hz、2300Hz、2600Hz，是为了防止钢轨绝缘双破损后两相邻轨道电路产生错误动作，所以相邻轨道电路采用不同的载频。在双线区段，由于上、下行线路之间存在邻线干扰，所以上、下行线路采用不同的频率，上行线用 1700Hz 和 2300Hz，下行线用 2000Hz 和 2600Hz。频偏 Δf 为 11Hz。低频为 $10.3\sim29$Hz，每隔 1.1Hz 一个，共 18 个，各频率代表不同的信息。

在移频自动闭塞区段，移频信息的传输，是按照运行列车占用闭塞分区的状态，迎着列车的运行方向，自动地向前方闭塞分区传递信息的。移频自动闭塞的工作原理如图 5-5 所示，若下行线有两列列车 A、B 运行，A 列车运行在 1G 分区，B 列车运行在 5G 分区。由于 1G 有列车占用，防护该闭塞分区的通过信号机 7 显示红灯，这时 7 信号点的发送设备自动向前方闭塞分区 2G 发送 26.8Hz 调制的、中心载频为 2300Hz 的移频信号。当 5 信号点的接收设备接收到该移频信号后，使通过信号机 5 显示黄灯。此时 5 信号点的发送设备自动地向前方闭塞分区 3G 发送以 16.9Hz 调制的、中心载频为 1700Hz 的移频信号。当 3 信号点的接收设备接收到该移频信号后，使通过信号机 3 显示绿、黄灯。同样，3 信号点的发送设备又自动地向前方闭塞分区 4G 发送 13.6Hz 调制的、中心载频为 2300Hz 的移频信号，当 1 信号点的接收设备接收到此移频信号后，使通过信号机 1 显示绿灯。1 信号点的发送设备又自动地向前方闭塞分区 4G 发送 11.4Hz 调制的、中心载频为 1700Hz 的移频信号。由于续行列车 B 已进入 5G 分区，可按规定速度继续运行。如果列车 A 由于某种原因停在 1G 分区，则当续行列车 B 行进到 4G 分区，司机见到通过信号机 5 显示绿、黄灯，则应注意减速运行。当续行列车 B 进行 3G 分区时，司机见到通过信号机 5 显示黄灯，则应进一步减速运行。当续行列车 B 进入 2G 分区时，由于通过信号机 7 显示红灯，司机采取制动措施，使列车 B 能停在显示红灯的通过信号机 7 的前方。这样，就可根据列车占用闭塞分区的状态，自动改变地面信号机的显示，准确地指挥列车的运行，实现自动闭塞。

ZPW-2000 系列无绝缘移频自动闭塞是我国自行开发具有自主知识产权的自动闭塞。ZPW-2000 系列对 UM71 进行了重大改进，除采用单片微机和数字信号处理技术外，还解决了调谐区断轨检查、谐振单元断线和调谐区死区长度以及拍频干扰等技术难题，是目前性能最为先进的制式，也是目前我国自动闭塞的统一制式。

四、自动站间闭塞

自动站间闭塞是既不同于半自动闭塞，又不同于自动闭塞的闭塞方式。它与半自动闭塞相比，不需要人工办理闭塞和到达复原，闭塞作用是自动完成的。它与自动闭塞相比，两站间不划分闭塞分区，也不设通过信号机，两站之间作为一

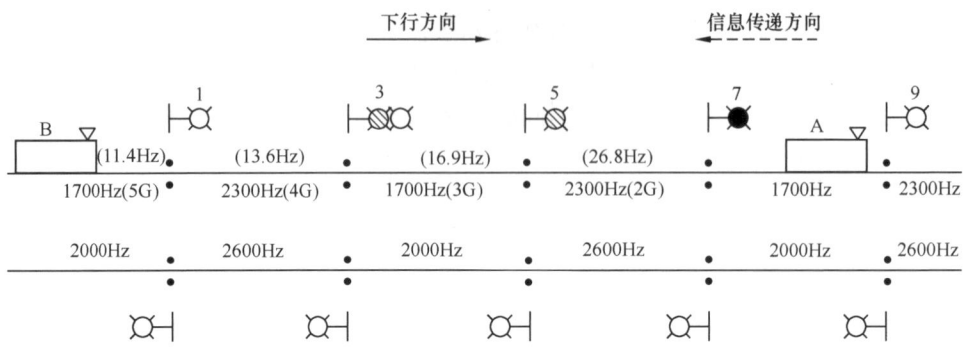

图 5-5　移频自动闭塞的工作原理

个闭塞分区。

自动站间闭塞可在半自动闭塞的基础上装设区间轨道检查装置，大多采用计轴设备。在自动站间闭塞区间，原有半自动闭塞可作为备用闭塞设备。

在双向自动闭塞反向运行时则借助区间轨道电路构成自动站间闭塞。

专业词汇汉英对照（Glossary）

专业词汇	拼音	英文
闭塞	bìsè	occlusion
凭证	píngzhèng	voucher
路签	lùqiān	train-staff
间隔	jiàngé	interval
计轴器	jìzhóuqì	axle counter
电缆	diànlǎn	cable
电气化	diànqìhuà	electrification

思考题（Questions）

1. 什么是闭塞？什么是闭塞设备？
2. 什么是半自动闭塞？简述其设备组成。

3. 什么是自动闭塞？双向自动闭塞和单向自动闭塞、四显示和三显示自动闭塞、无绝缘自动闭塞和有绝缘自动闭塞各有什么区别？

4. 何为移频自动闭塞？简述其工作原理。

拓展阅读（Extensive Reading）

各种形式 ATC 系统控制原理基本相同，只在功能上稍有不同，系统差别主要体现在 ATP 系统的控制原理、功能特点、构成方式上，成为代表城市轨道交通信号领域主流技术发展水平的三种 ATC 系统的主要技术特征。按闭塞方式分类，ATC 系统可分为 3 类：固定闭塞方式的 ATC 系统、准移动闭塞式的 ATC 系统和移动闭塞式的 ATC 系统。

一、固定闭塞方式的 ATC 系统

利用钢轨、环线等作为传输载体，一般通过模拟轨道电路信息来完成列车定位功能。采用阶梯式速度控制方式，为了保证列车运行安全，运行前方需要较长的保护区段。由于传输的信息量少，对列车运行控制精度不高，对列车运行的舒适度控制不好，司机的劳动强度较大，不易实现列车的优化控制和节能控制，限制了行车效率的提高。

一般采用多信息音频轨道电路（或环线方式），根据线路情况、列车特性和固定的速度等级确定闭塞分区长度，列车以闭塞分区为最小行车间隔。由于轨道电路传输的信息量少，此种制式的 ATP 系统采用阶梯式控制方式，其固定闭塞方式如图 5-6 所示。对应每个闭塞分区同时只能传送一个信息代码，即该区段所规定的最大速度码。列车速度监控采用的是闭塞分区出口检查方式，须增加一个有效制动长度分区作为最小安全间隔，当列车的出口速度大于本区段允许的出口速度时，车载设备便对列车实施制动，保证行车安全，

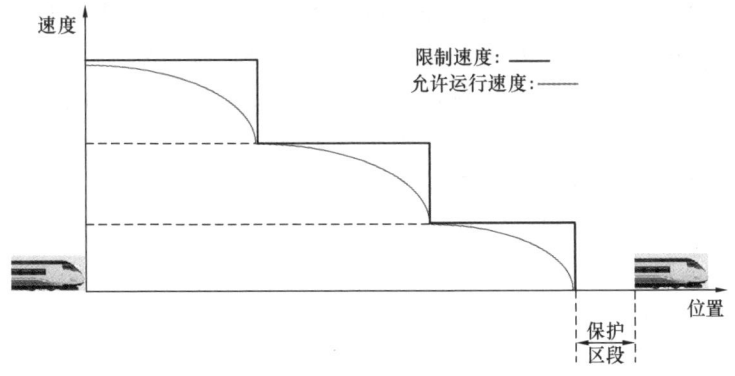

图 5-6　固定闭塞方式示意图

适合 120s 及以上追踪运行间隔控制。

线路被划分为固定位置、某一长度的闭塞分区，一个分区只能被一列车占用；闭塞分区的长度按最长列车、满负载、最高速度、最不利制动率等不利条件设计；列车间隔为若干闭塞分区，而与列车在分区内的实际位置无关，制动的起点和终点总是某一分区的边界。

二、准移动闭塞式的 ATC 系统

一般以数字信号技术为基础，仍利用钢轨或环线等为车地信息的传送载体。在信号传输、信号处理过程中实现数字化，不但信息量大，而且抗干扰能力强。轨道电路可以向列车传递足够用于列车连续曲线速度控制的信息（包括目标速度、目标距离、线路状态、线路允许速度、轨道电路标号及长度等），车载设备可以实现对列车的连续曲线速度控制，列车控制曲线如图 5-7 所示。由于减少了阶梯式控制的安全保护距离对列车运行间隔时间的影响，追踪运行间隔时间可以比固定闭塞式做得更少，适合 120s 及以下追踪运行间隔控制。

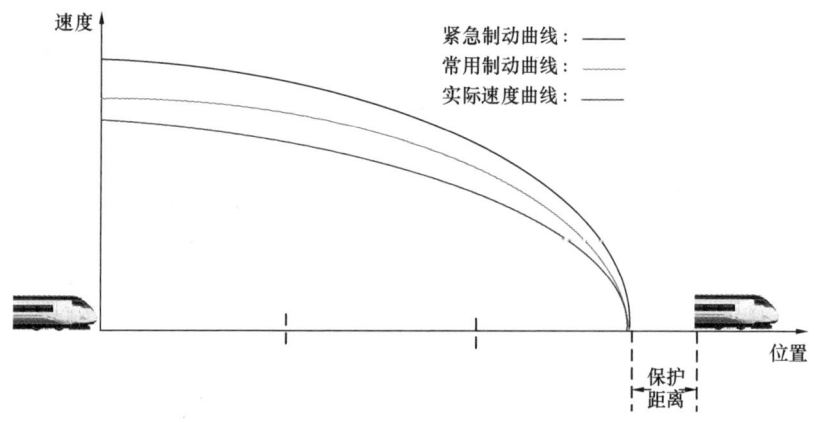

图 5-7　准移动闭塞方式列车控制曲线示意图

该系统减少了阶梯式控制的安全保护距离对列车运行间隔的影响，提高了列车控制的精度和行车效率，使得司机在驾驶中比较轻松，不需要进行频繁制动、牵引（tow），可以达到较好的节能效果，提高乘客的乘坐舒适度。

线路被划分为固定位置、某一长度的闭塞分区，一个分区只能被一列车占用；列车间隔是按后续列车在当前速度下所需的制动距离，加上安全余量计算和控制的，确保不冒进前行列车占用的闭塞分区；制动的起点是动态的，终点是固定在某一分区的边界处。

三、移动闭塞式的 ATC 系统

利用无线通信技术，通过车载设备、传输媒介与车站或列车控制中心实现信息交换完成速度控制。由于没有预先设置的闭塞分区，不以固定的闭塞分区为列车追踪的最小单元。列车的最小正常追踪运行间隔，为安全保护距离加最高允许速度下使用常用制动直至停车的制动距离，列车控制曲线如图5-8 所示。由于后续列车可以连续地知道距前车尾部的实际距离，因而可以保持比准移动更小的追踪间隔运行，适合120s 及以下追踪运行间隔控制。

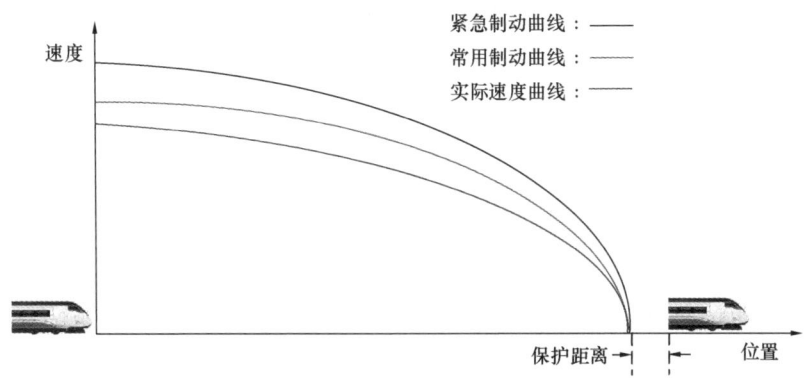

图 5-8　移动闭塞方式示意图

系统较准移动闭塞系统具有较大的运用灵活性和较小的行车间隔。该系统硬件设备数量较少，通过能力也更强于准移动闭塞系统，并且有更好的列车运行的调整能力或系统对于运行紊乱的适应性。

没有预先设置的闭塞分区，通过车—地实时双向通信，以列车的实际运行速度和列车位置动态计算相邻列车间的安全距离。因此，与固定闭塞相比列车运行间隔相对减少；与准移动闭塞相比，则具有更大运用灵活性和更小的行车间隔，也因此具备了更大的运行调整能力。

三种制式的 ATC 系统速度曲线比较如图 5-9 所示。

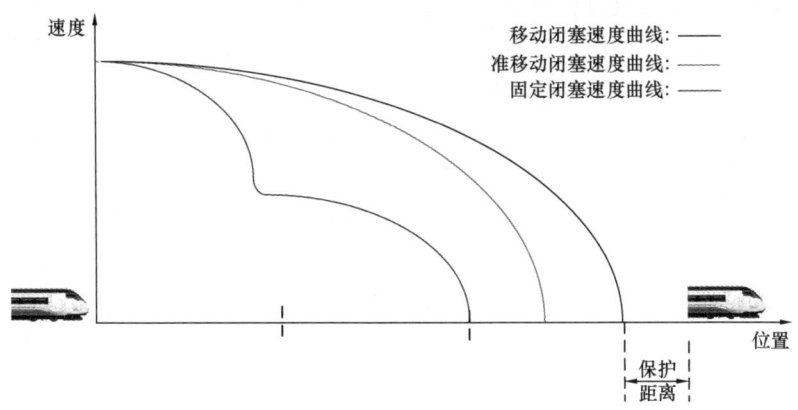

图 5-9　三种制式的 ATC 系统速度曲线比较示意图

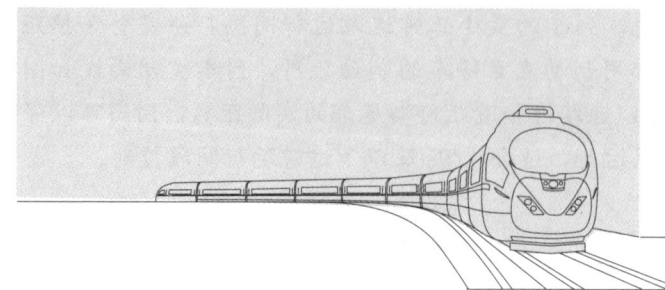

第 六 章

车站联锁系统
Station Interlocking System

第一节 车站联锁系统的发展
(Development of Station Interlocking System)

车站联锁（Station interlocking）系统是于1856年英格兰 Bricklayer Arms 车站装设的、由Saxby首创的萨氏联锁机开始的。按照联锁基本功能要素技术实现方式的演变阶段划分，迄今已历四代。

按照"联"和"锁"的方式，可划分为机械联锁（mechanical interlock）、电气机械联锁（electro mechanical interlocking）、电气联锁（electrical interlock）和计算机联锁（computer interlocking）四种；按照操纵方式，除了技术实现手段的不同之外，通常划分为非集中和集中两类，这主要是按照道岔的操纵方式划分的。非集中联锁由扳道员就地操纵道岔，简单易行且可直接观察道岔区段的列车或车列的占用情况，但扳道员与车站值班员的联系效率低，且疏忽不易防范；特别是有多个道岔需要扳动时，扳道员还要往返奔波，进路办理时间长、劳动强度大。集中联锁则是在信号楼内对道岔和信号机实行集中操纵，同时也使联锁可以用集中方式来实现。集中联锁可节省操纵人员并取消车站值班员与扳道员的电话联系，提高生产效率、改善劳动条件，并消除联系中可能发生的差错，但因不便于观察道岔位置以及区段占用的状态，对技术设备及其管理的要求更高。

车站联锁系统的功能，是通过技术手段对车站内信号机、道岔、轨道电路等基本信号设备按照规定要求进行实时控制，以保证列车或调车车列在站内的作业安全。

一、机械联锁（Mechanical Interlock）

1. 非集中机械联锁——以人力就地分散操纵道岔，分散操纵或以机械传动

(mechanical transmission)方式集中操控臂板信号机，以机械方式传动及以机械机件实现联锁（图 6-1、图 6-2）。

图 6-1　臂板信号机　　　　　　　　图 6-2　道岔握柄

钥匙联锁、联锁箱联锁和日式信号握柄，都是典型的在臂板信号机与道岔之间实现非集中联锁的机件和装置。中国最早装设的车站联锁，是 1910 年以前在北宁铁路（即"京奉铁路"，今北京至沈阳间）装设的非集中机械联锁。

2. 机械集中联锁（mechanical centralized interlocking）——以机械传动方式由人力集中操纵道岔和臂板信号机，道岔握柄与信号握柄间以机械锁床实现联锁。萨氏联锁机就是典型的机械集中联锁装置，它是将设于同一处所的信号握柄和道岔握柄以机械机件实现联锁，而使车站值班员必须按一定顺序扳动才能动作的集中联锁装置。中国于 1910 年在南满铁路连长线周水子车站第一联络所装设了约翰逊式机械集中联锁。

二、电气机械联锁

电气机械联锁以人力和机械传动方式集中操纵道岔，以电气传输方式集中操纵色灯信号机，道岔的机械握柄与信号机的电气握柄间以锁床和电气接点电路实现联锁。这种联锁方式实际是机械集中联锁向电气集中联锁发展过程中的过渡形式。它主要是在机械集中联锁的基础上对信号机及其控制方式进行了改进，采用了色灯信号机并用电气传输方式取代了臂板信号机的导线传动机构（图 6-3）。

三、电气联锁

1. 非集中电气联锁（non centralized relay interlocking）——以人力就地分散操纵道岔，以机械传动方式集中或分散操控臂板信号机，或以电气传输方式集中操控色灯信号机。道岔与信号机间以电气接点电路实现联锁，或者以信号握柄或信号桌上握柄实现相互间的联锁。

2. 电气集中联锁（relay interlocking）——以电气传输方式集中操控动力式道岔及色灯信号机；道岔与信号机间实现联锁的具体方式有锁床式、电锁式和继电式。锁床式联锁仍采用电气握柄方式，以锁床和电气接点电路实现联锁；电锁

图 6-3 色灯信号机

式联锁全部采用电气接点电路实现联锁；采用继电器接点电路实现联锁的称为继电式电气集中联锁（图 6-4）。

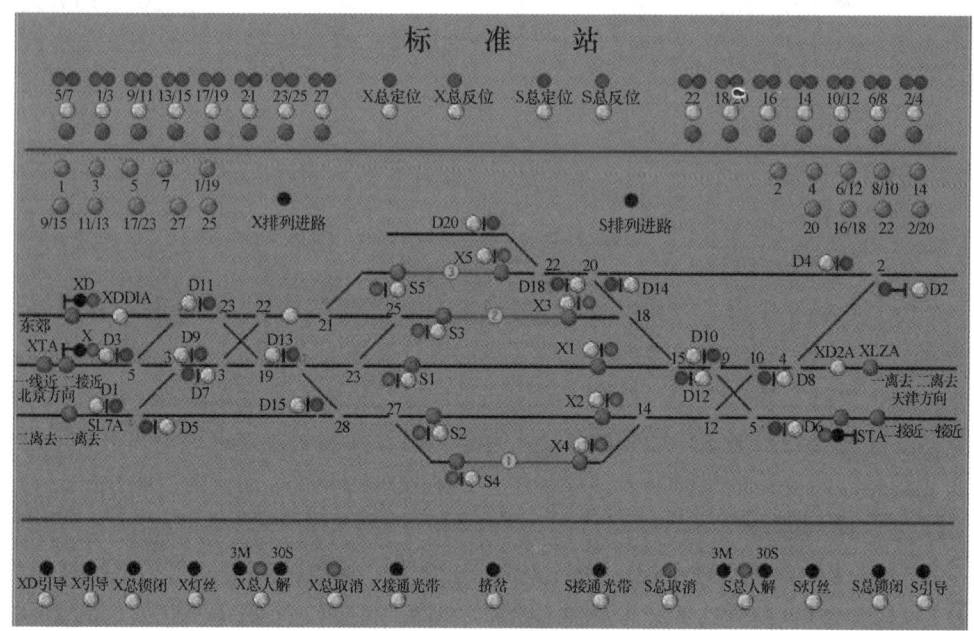

图 6-4 电气集中联锁

6502 电气集中联锁是在动力转辙机、色灯信号机和轨道电路三大电气基础设备的基础上，以电气传输方式集中操控动力式道岔及色灯信号机，以继电器接点电路实现联锁的车站联锁系统；是以安全型继电器为基本单元，按照与安全侧相对应的前、后接点使用原则，断线防护及室外混线防护等原则，通过布线逻辑来实现的符合"故障—安全"原则的车站联锁系统。

四、计算机联锁（Computer Interlocking）

计算机联锁——以电气和（或）电子传输方式集中操纵动力式道岔及色灯信号机，以软件实现联锁关系。计算机是可编程的复杂电子系统，计算机联锁系统实际上就是可编程（复杂）电子联锁系统，属于电子联锁（electronic interlock）中的一种（图 6-5）。

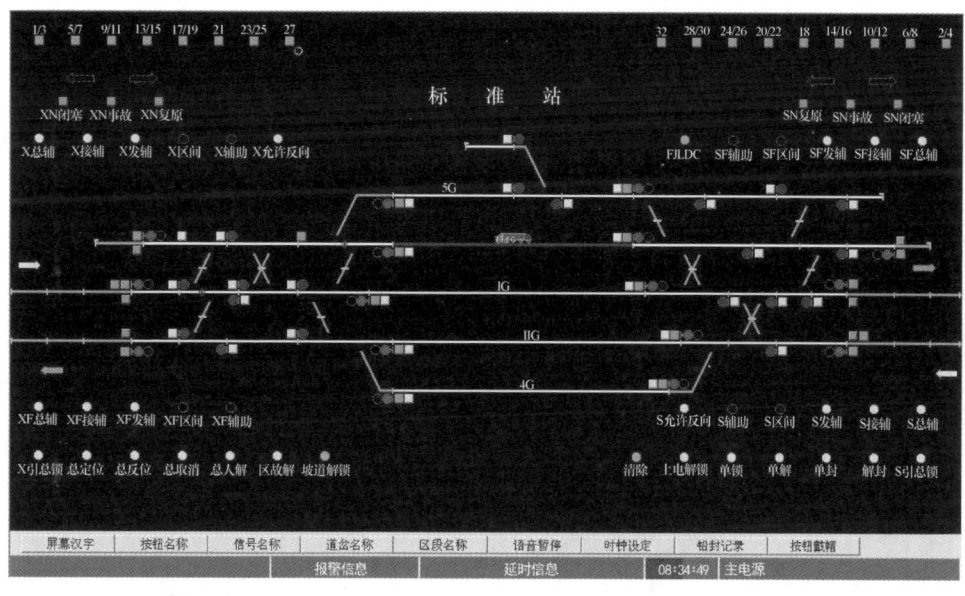

图 6-5　计算机联锁

在计算机联锁系统中大量或全部使用通用电子器件，这些器件不具有明显的故障不对称性（一般"开关"类电子器件的故障通常具有对称性特点）；这种以非"故障—安全"器件构成"故障—安全"系统的方式，全面改变了依靠设计自身具有某种固有物理特性的、符合"故障—安全"原则的设备或器件，并以此为基础构建安全系统的传统，这是计算机联锁有别于历代车站联锁系统的一个关键特点。

由于通用电子器件具有的故障不确定性和故障模式复杂性等特点，使得具有悠久历史，并始终作为铁路信号一贯技术安全原则的"故障—安全"，成为复杂电子系统最晚进入铁路车站联锁领域的主要因素；并且由于计算机联锁的迅速发展，造成继电电气集中联锁和计算机联锁之间的电子联锁系统的断代缺失。

第二节　计算机联锁系统结构和功能层次
(Structure and Functional Hierarchy of Computer Interlocking System)

一、计算机联锁结构

计算机联锁（computer interlocking）是通过计算机技术、控制技术和通信技术来实现车站联锁控制功能的实时控制系统。

根据系统各主要功能的不同，计算机联锁系统一般采用如图 6-6 所示的层次结构。整个计算机联锁由室内和室外设备构成，室内设备由人机交互（human-computer interaction）层、联锁控制层和 I/O（采集/驱动）接口层设备构成。室外设备主要是信号机、转辙机和轨道电路等。人机交互层与联锁控制层之间、联锁控制层与 I/O 接口层之间、I/O 接口层与室外设备层之间，通过不同的通信方式进行相互连接，构成具有三个层次的实时控制系统。

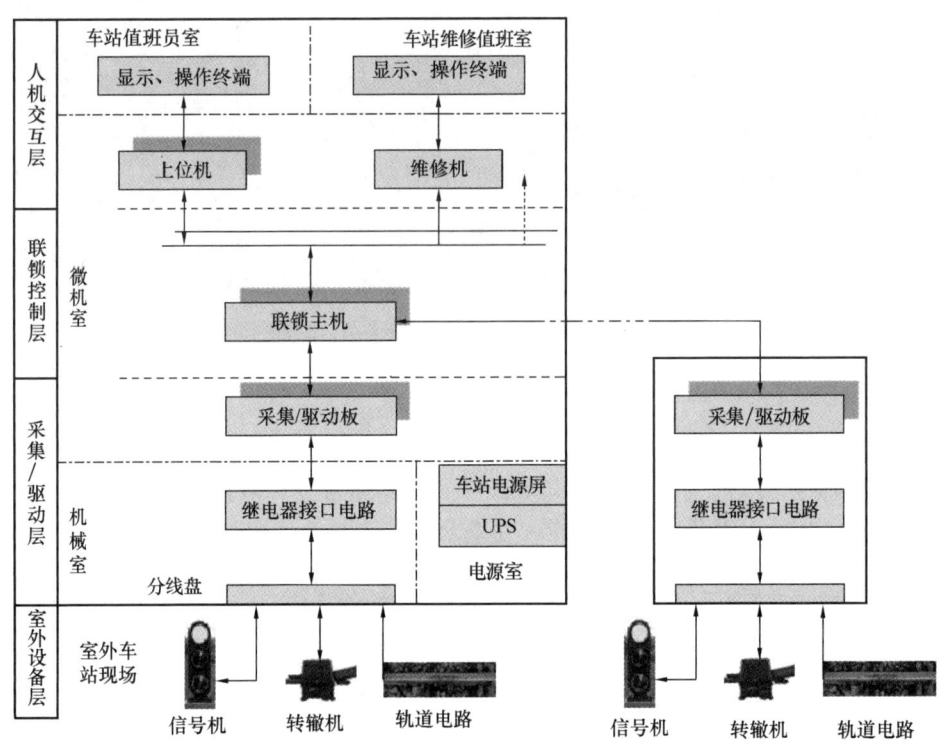

图 6-6　计算机联锁系统体系结构

人机交互层由人机接口计算机和维修机构成，它们分别是车站操作人员操作平台、信号维护人员的维护平台，人机接口计算机被称为上位机，一般采用高可靠性的工业控制计算机，包括主机及其外围设备，如标、盘、显示器、音响等，并采用双机冗余结构形式。其功能类似于集中联锁的控制功能，即接收车站操作人员下达的各种操作命令，并将其下发给联锁控制层的分机；实时显示站场的作业情况（如信号机当前工作状态、道岔当前位置状态等）计算机联锁维修机可以选用商用工业控制计算机。列车实时作业情况可以储存在维修机中（存储时间一般为一个月），根据存储的工作信息对历史作业情况进行回放，对设备故障进行显示、分析、统计和打印等，为电务维修人员进行设备维护和故障维修所使用。

联锁机的硬件采用冗余结构形式，联锁机实时接收从上位机（host computer）下达的联锁命令，根据从 O 接口层接收到的室外信号机、道岔和轨道电路的状态，进行联锁逻辑运算，并根据运算结果下达控制命令，如道岔的操纵、信号的开放/关闭等。

输入/输出接口一般由采集/驱动电路板和继电器电路构成。其中，电器电路实现与室外信号机、转辙机、轨道电路等信号设备的连接。

二、计算机联锁的功能层次

计算机联锁的功能层次如图 6-7 所示。

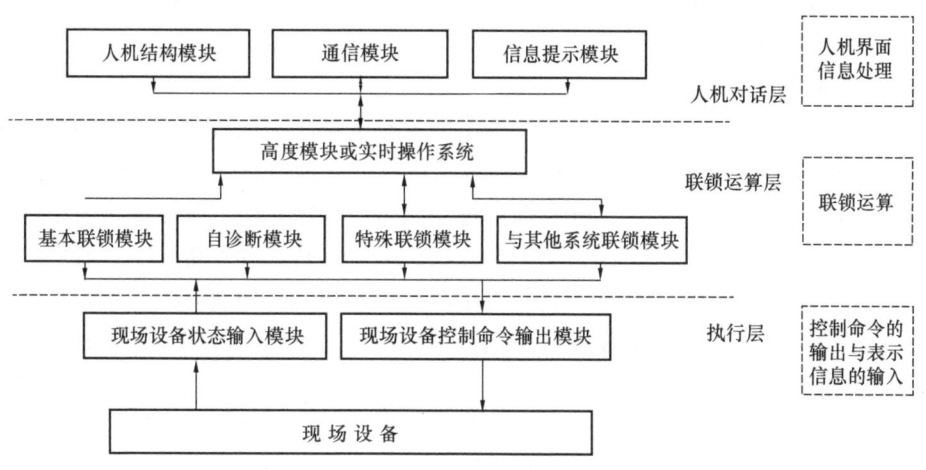

图 6-7　计算机联锁的功能层次示意图

1. 命令执行过程

车站操作人员根据站场显示、调度命令要求，利用上位机的鼠标等办理操作命令（如选排进路、单操道岔等）。上位机接收到操作人员的操作命令之后，将操作命令以固定的命令格式发送给联锁机。当然，上位机也可以对命令进行简单的判断，对判定不成立的操作命令不予发送。联锁机接收到操作命令之后，根据从输入/输出层采集到的继电器的状态信息（即室外设备信息）、联锁机内部状态信息和故障检测情况进行联锁处理。联锁处理之后，如果产生驱动命令（如使道岔操纵的命令、信号开放的命令等），则将该驱动命令以数字形式发送给输入/输出接口中的驱动板。驱动板接收到驱动命令后，为相应的继电器提供（或断开）驱动电源，使相应的继电器动作（吸起或落下）。继电器电路主要由信号机控制电路和道岔控制电路构成，当继电器动作（吸起或落下）后，将连通或断开相应的控制电路，使室外的信号设备动作（如信号开放/关闭，或转辙机开始转换等）。

2. 信息反馈过程

室外信号设备动作后（如道岔开始向反位转换），将使室内的表示继电器电路发送变化，表示继电器的状态及其状态变化又会通过采集板实时反馈到联锁机。联锁机将这些采集信息进行存储，一方面供联锁处理使用，作为联锁处理的依据，另一方面将其发送给上位机，以供上位机进行站场的实时显示使用。为保证系统的故障—安全，联锁机还需进行故障检测，检测联锁机、采集板、驱动板等是否出现故障。检测结果一方面供联锁运算使用，作为是否进行联锁运算的依据，另一方面将出现的设备故障信息发送到上位机和维修机，提醒操作人员注意，提醒维护人员进行故障处理。此外，联锁机还要将命令的执行情况（如排列进路时进路中道岔转换是否超时、进路是否在锁闭状态等）反馈给上位机和维修机，以便于上位机和维修机进行实时显示。

3. 联锁进路处理

在进路处理部分，对存储在进路表中的各条进路依次进行处理。其中某一条具体进路的处理过程如图 6-8 所示。对进路过程的处理可以依据继电集中电路原型——将进路过程分成若干个相关联的进路状态。进路处理时按照进路表中各条进路当前所处的进路状态，从进路始端（或终端）开始，按进路顺序（或反向进路顺序）参与进路的各个信号设备依照站场型数据结构，分别调用各个信号设备中的操作逐个进行处理，并根据进路执行情况调整进路表，为该条进路的下一次处理提供依据。

进路表中的所有进路处理后，联锁处理模块执行完成，转到其后续程序模块处理，转到故障检测和输出模块的处理。总之，由于联锁程序具有循环性质，所以联锁程序对进路表中的所有进路分别处理，直至各条进路处理成功。

联锁机软件编制完成后，必须在中国铁路总公司指定的计算机连锁软件测试中心进行功能和安全性认证，认证通过后才能在国家铁路上进行连锁试验，并投入应用。

第六章　车站联锁系统
Station Interlocking System

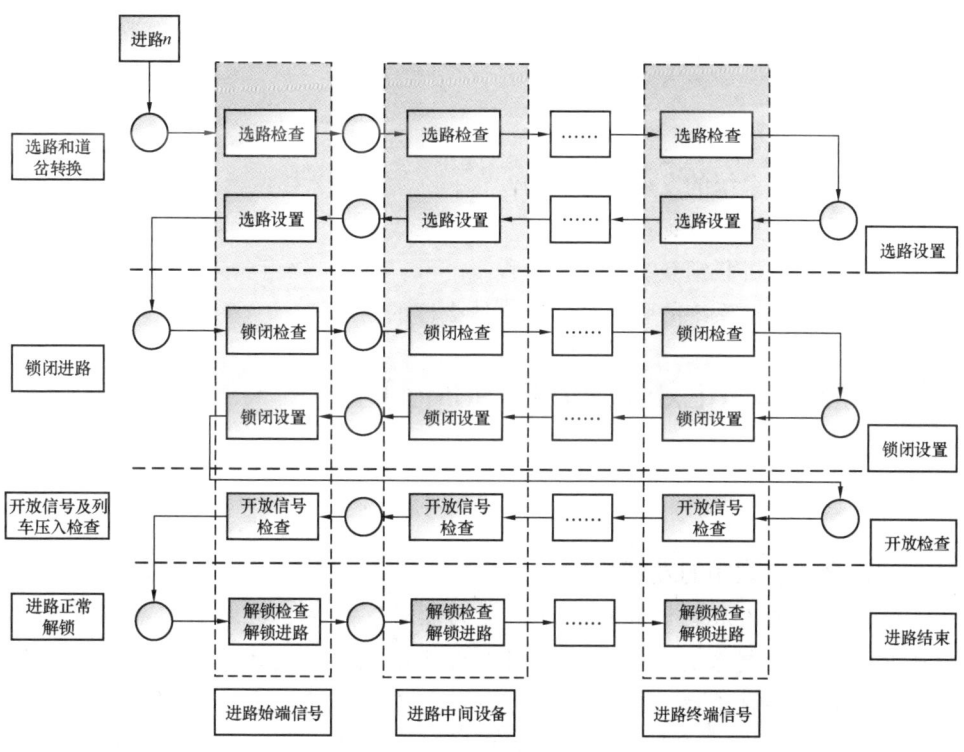

图 6-8　单条进路的处理过程

Word 专业词汇汉英对照（Glossary）

专业词汇	拼音	英文
车站联锁	chēzhàn liánsuǒ	station interlocking
机械联锁	jīxiè liánsuǒ	mechanical interlock
机械传动	jīxiè chuándòng	mechanical transmission
电气联锁	diànqì liánsuǒ	electronic interlock
电气集中联锁	diànqì jízhōng liánsuǒ	relay interlocking
计算机联锁	jìsuànjī liánsuǒ	computer interlocking
人机交互	rénjī jiāohù	human-computer interaction
上位机	shàngwèijī	host computer

思考题（Questions）

1. 什么是联锁？
2. 车站联锁系统的发展是怎样的？
3. 什么是计算机联锁系统？
4. 简述计算机联锁系统的发展历程。
5. 计算机联锁系统的联锁和功能是什么样的？

拓展阅读（Extensive Reading）

全电子联锁

一、全电子联锁的发展趋势

经过多年的发展，计算机联锁系统的软件、硬件已经非常成熟稳定，在轨道交通信号控制系统中已大量应用。由于早期控制技术、电子技术、通信技术的限制，联锁系统与轨旁设备的接口主要采用传统安全型重力继电器的接口方式。随着技术的发展，国外车站计算机联锁系统已开始逐步取消了继电器的接口控制方式，采用电子执行单元直接与轨旁设备接口。较传统的基于继电器接口的计算机联锁系统，全电子联锁系统有着占地空间小、配线简单、更高可维护性和安全性等特点，将成为今后的技术发展方向。

二、什么是全电子联锁

全电子联锁系统是在目前广泛应用的计算机联锁系统的基础上，用智能电子化的模块取代原有的驱动采集单元和大量的继电结合电路，实现联锁设备直接对室外信号设备的控制、采集、监控。图6-9对执行相同功能的传统

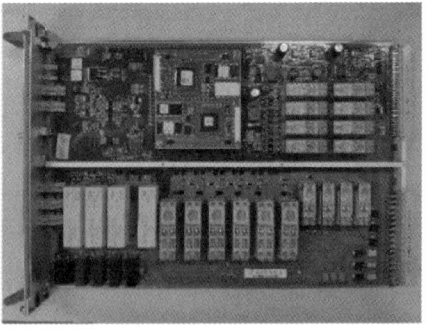

图6-9　传统大继电器与全电子联锁板卡继电器对比

大继电器与全电子联锁板卡继电器进行了对比。

目前,全电子联锁系统已在城轨、铁路多条线路上得到了应用。2015年11月,国内企业自主研发的全电子联锁系统在老挝万象的Thanaleng站开通使用,这也标志着国内自主研发的全电子联锁系统首次走出国门。

三、全电子联锁与传统计算机联锁的比较

图6-10比较了全电子联锁和传统计算机联锁的架构体系,全电子联锁在接口层精简了继电器组合柜,通过电子执行单元实现对现场设备层的直接驱动。

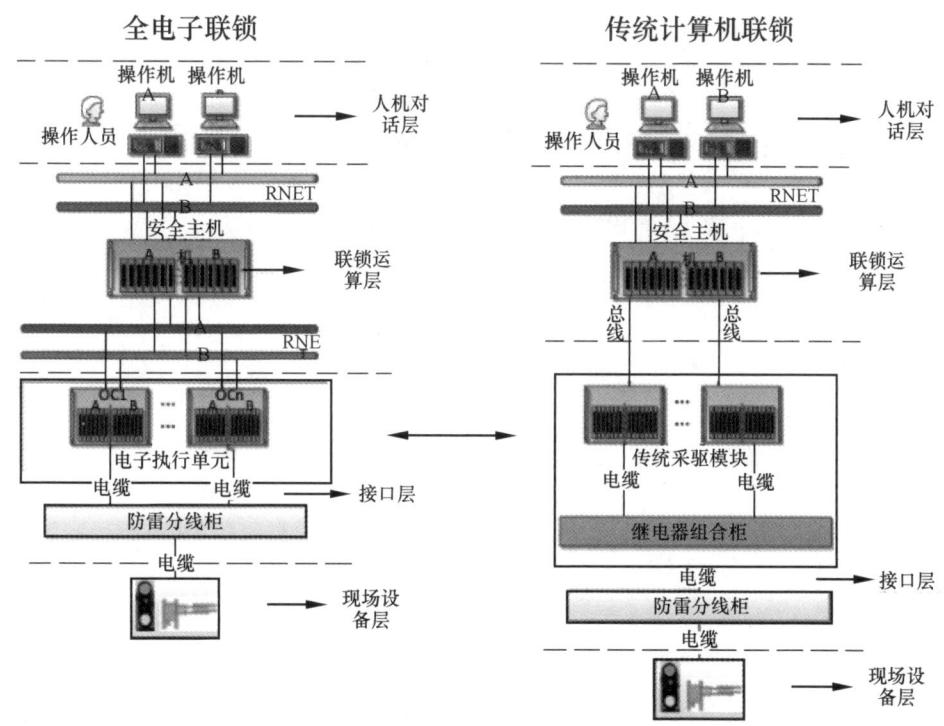

图6-10 全电子联锁和传统计算机联锁的架构体系

从可靠性层面看,传统计算机联锁使用大量的继电器,这些继电器的寿命较短,比如1DQJ动作寿命仅10万次。而全电子模块板卡继电器为安全型继电器,动作寿命达1000万次,相对于传统继电器提升了2个量级。经RAMS计算,全电子联锁的MTBF可达到1890000小时。

而从性能特点方面看,全电子联锁在安全性、抗干扰性、支持热插拔、区分室内外故障、双系冗余设计、联锁软件的透明性、报警直观精准性、具备监测功能以及平台化等方面具有显著优点,特点比较如图6-11所示。

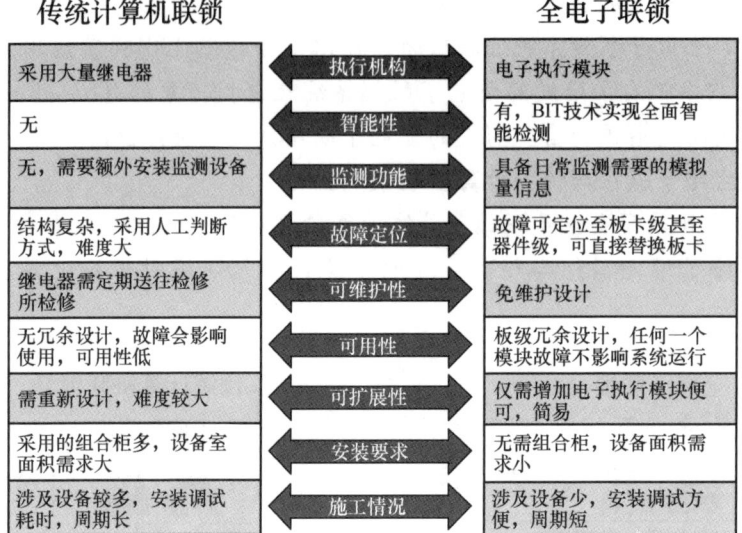

图 6-11 传统计算机联锁和全电子联锁特点比较

第七章

列车运行控制系统
Train Operation Control System

第一节 概述（Summary）

随着计算机、通信、自动化技术等先进技术的广泛应用，列车速度和密度的不断提高对铁道信号提出了更高要求，铁道信号包含调度集中（centralized dispatch）、联锁设备（计算机联锁）、列车运行控制系统（train operation control system）等的先进自动化控制系统，它可保证列车安全、高速、高密度运行，改善铁路职工劳动条件，成为铁路运输系统的大脑和神经中枢。

所谓列车运行控制系统，是指由地面设备（ground equipment）和车载设备（car equipment）构成，用于控制列车运行速度、保证列车安全和高效运行的控制系统，是铁道信号系统的重要组成部分之一。

列车运行控制系统根据前方行车条件，包括进路状态、轨道占用情况、线路状况以及调度命令等，为每列车产生行车许可，并通过地面信号和车载信号的方式向司机提供安全运行的凭证。车载设备根据接收到的行车许可产生允许速度，当列车速度超过允许速度时控制列车实施制动，使列车降速乃至停车，防止列车超速颠覆或与前方列车追尾等，保证行车安全。

列车运行控制系统是一个有司机参与操作的人机系统，一般具有如下基本功能：

（1）给司机显示允许列车运行的信号、限制速度或目标距离等。

（2）应能自动实施速度控制。一旦列车速度超过允许速度，应实施制动控制，使列车减速乃至停车。

（3）防止与同一轨道运行的列车相撞或追尾。

（4）防止列车超过规定的限制速度运行，包括信号显示规定的限制速度、线路限速、车辆限速、临时限速等。

第二节 列车运行控制系统基本原理
(Basic Principles of Train Control System)

列车追踪运行中，为避免发生与列车前方目标（前行列车或障碍点）相撞事故或冒进禁止信号，必须确保列车安全抵达前方目标点，即在允许列车接近目标点的速度为零时在前方目标点前停车，或列车通过前方目标点时速度低于允许速度。

根据列车制动模型，可以直接由列车距前方目标点的距离（简称目标距离）、允许通过前方目标点时的速度（简称目标速度）、线路参数（坡度、线路限速等）及列车制动性能参数等生成列车距前方目标点距离与当前列车允许速度的速度-距离模式曲线，并以此实时监控列车运行速度，保证行车安全。这种以前方目标点信息为基础的控制方式称为目标-距离（distance-to go）控制，俗称一次制动速度控制方式。

鉴于目标-距离控制方式适应性强、效率高，已被广泛应用于高速铁路、城市轨道交通及干线铁路，本书主要介绍目标距离控制方式的列车运行控制技术。如上所述，目标-距离控制方式是根据列车可以行驶抵达的目标点（目标点的信息一般包括位置、到达目标点时列车允许速度）按照列车制动模型生成监控列车运行的速度-距离模式曲线，如图7-1所示。

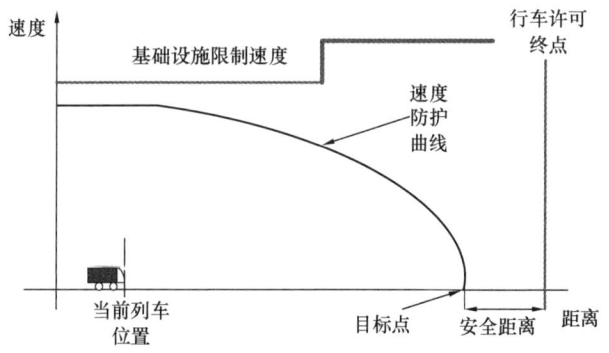

图 7-1 行车许可的基本含义

为更准确地描述目标-距离控制方式给驾驶列车指示的行车条件，引入行车许可（MA：movement authority）概念。所谓行车许可是指允许列车在基础设施限制内运行到轨道上指定的位置，在城市轨道交通中也称为移动授权。行车许可终点（EOA：end of authority）是行车防护界限点，目标点与运行防护界限点的距离称为安全距离。

行车许可终点的确定应考虑列车安全间隔及联锁防护等，可能的行车许可终点包括：

(1) 被占用闭塞区间的入口处（线路按固定闭塞运行）；
(2) 前行列车安全后端的位置（线路按移动闭塞运行）；
(3) 为进路设置的道岔警冲标（线路按固定闭塞或移动闭塞运行）等。

行车许可信息主要包括：

(1) 距行车许可终点的位置，确定列车还能走"多远"，以便确定列车距前方目标的距离。
(2) 通过行车许可终点时的速度，即 EOA 的目标速度，确定列车能走"多快"。当目标速度不为零时，LOA 被称为限制性许可（LOA：limit of authority）。
(3) 行车许可有效的时间，确定行车许可的"时效性"。

目标-距离控制方式的列车运行控制系统一般包括以下六个功能模块：

(1) 轨道占用检查；
(2) 行车许可生成；
(3) 地-车信息传输；
(4) 列车测速（train speed measurement）定位；
(5) 列车防护控制；
(6) 人机界面。

按设备安装的位置划分列车运行控制系统，一般分为地面设备（ground equipment）、车载设备（car equipment），其基本结构如图 7-2 所示。

地面设备（ground equipment）主要负责接收列车行车调度命令，检查轨道占用，在此基础上生成对应每一受控列车的行车许可，并通过地-车信息传输系统地面设备将行车许可传送给车载设备。地-车信息传输系统车载设备接收监控列车运行所需要的行车许可、临时限速及线路参数。若实现移动闭塞，还需要将车载设备实时测定的列车速度、位置信息传送给地面设备。

地面设备负责列车间隔控制，生成列车控制所需要的行车许可和线路基础数据，并通过车-地通信设备（vehicle-ground communication equipment）将有关信息传送给列车。线路基础数据则包括静态速度距离曲线、坡度曲线、临时限速和分相区信息等。

车载设备根据地面控制子系统提供的行车许可和线路基础数据，生成速度距离模式曲线，连续地、实时地监控高速列车的运行速度，自动控制列车的牵引和制动系统，实现列车的超速防护等功能，并向司机提供驾驶列车的相关信息。

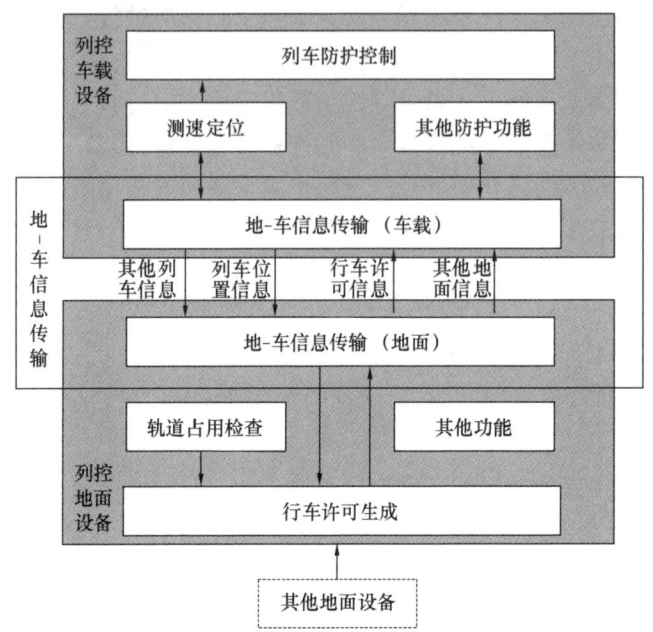

图 7-2　列车运行控制系统基本结构

第三节　列车控制系统的关键技术
(Key Technologies of Train Control System)

一、速度测量

列车控制系统的速度监控依赖于准确的列车位置，因此车载设备实时、准确地采集和计算列车运行速度和位置尤为重要。CTCS-2 级列控系统和 CTCS-3 级列控系统普遍采用轮轴脉冲速度传感器，或者辅助采用与多普勒雷达速度传感器相融合的测速测距技术，并利用地面应答器校正测距误差，实现精确定位。

车轮速度传感器通过测量测速轮对的转速脉冲计算列车速度，计算公式见式 (7-1)。

$$v_L = f_L \cdot \pi D / n \tag{7-1}$$

式中　n——测速轮对转一圈速度传感器输出 n 个脉冲；

D——测速轮对的直径；

f_L——测量得到的脉冲频率；

v_L——计算得出的测速轮对的轮周线速度。

如果轮对与钢轨接触面上的点与钢轨之间没有相对运动，那么这个轮周线速度就是列车沿轨道方向的线速度。车轮速度传感器的优点是实现较简单，测量精度高；缺陷是测速轮对的空转、滑行和蠕动都会造成测速误差，以及测速轮对的轮径磨耗也会造成一定的误差。

多普勒雷达测速是一种直接测量速度和距离的方法。在列车上安装多普勒雷达，始终向轨面发射电磁波，由于列车和轨面之间有相对运动，根据多普勒频移效应原理，在发射波和反射波之间产生频移，通过测量频移脉冲就可以计算出列车的运行速度，进一步计算出列车运行的距离。多普勒雷达的优点是不受空转、滑行等干扰的影响。多普勒雷达在高速时测速精度较高，而在低速时多普勒效应不明显，测速精度较低。

车轮速度传感器与多普勒雷达都有各自的优缺点，通过两种测速传感器的融合实现优势互补。在低速时利用车轮速度传感器弥补多普勒雷达低速误差大的缺点，在高速时，利用多普勒雷达判断并修正车轮速度传感器的空转滑行误差。图 7-3 是车轮速度传感器与多普勒雷达速度传感器融合的测速测距系统结构。

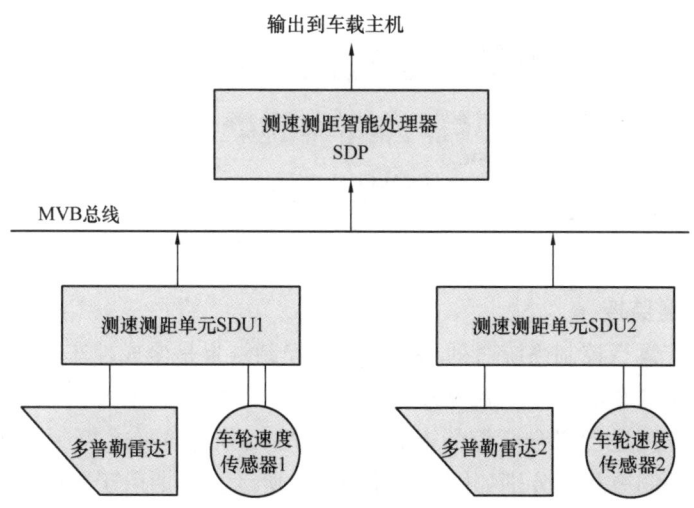

图 7-3　车轮速度传感器与多普勒雷达速度传感器融合的测速测距系统结构

图 7-3 中，车轮速度传感器安装于车轮轴端，测量车轮转速及转动方向；多普勒雷达测速传感器安装于车底，根据多普勒原理来探测列车速度；测速测距单元采集车轮速度传感器和雷达速度传感器的信号，转换速度信号，并传送给测速测距智能处理器（speed & distance processing unit，SDP）。车轮速度传感器、雷达速度传感器和测速测距单元采用双重冗余结构。测速测距智能处理器接收多个速度传感器的原始速度信号，进行有效性验证及滤波计算，对可能存在的空转、打滑进行处理。通过多路信号的信息融合处理，计算出最终的速度信息（包括正常速度、最大速度、最小速度等信息）发送给车载主机。

车轮速度传感器和多普勒雷达测速测距计算出的列车运行距离是累加计算

的,会存在累计误差。为了消除距离的误差积累,需要利用地面的绝对点来校正。应答器组固定安装在线路上,应答器组之间有链接距离,列车每经过一组应答器,列车运行控制车载设备根据链接信息来校正累计误差,如图 7-4 所示。

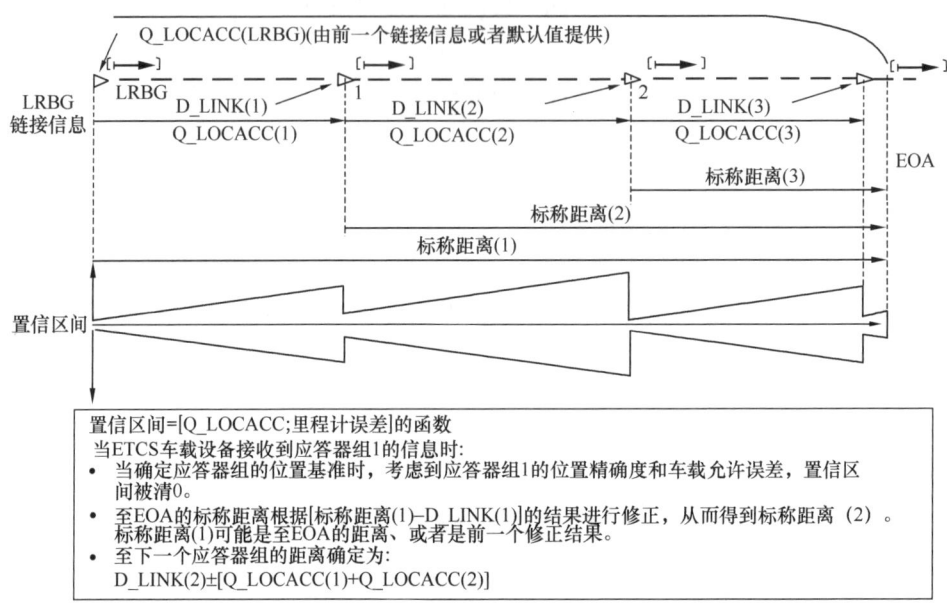

图 7-4　根据应答器校正测距误差

二、速度监控

高速列车运行控制系统对列车最直接的控制结果是生成控车曲线。所谓控车曲线,实质是列车的速度控制模式,是为了保证列车运行安全,以安全信息为基础对列车的速度进行安全监控的方式,通常可以分为阶梯式控制方式和速度-距离模式曲线控制方式,分别如图 7-5 和图 7-6 所示。早期由于车地信息传输能力有限,采用阶梯式控制方式;高速铁路提供了车地间大容量信息交互能力,所以高速列车运行控制系统广泛采用速度-距离模式曲线控制方式,图 7-6 所示速度-距离控制曲线亦称为连续式速度-距离控制曲线。

根据各种动静态参数和控制模型实时计算出列车的速度-距离模式曲线控制对列车运行速度进行控制。在图 7-6 中,仅给出速度-距离曲线的部分巡航速度和制动部分,特别强调了制动部分,而牵引加速部分被省略(完整地反映牵引、巡航和制动过程的速度-距离曲线如图 7-7 所示)。其中,$V_1(t)$ 称为常用制动曲线,$V_2(t)$ 为最大常用制动曲线,$V_3(t)$ 为紧急制动曲线。S1、S2 和 S3 分别为该类制动开始实施的位置点。根据不同的制动要求,常用制动曲线可能分为不同等级,这里为了说明原理,将常用制动曲线简化为一条,便于说明与其他制动曲线之间的关系。显然,最大常用制动实施位置滞后于常用制动实施位置,紧急制动的实

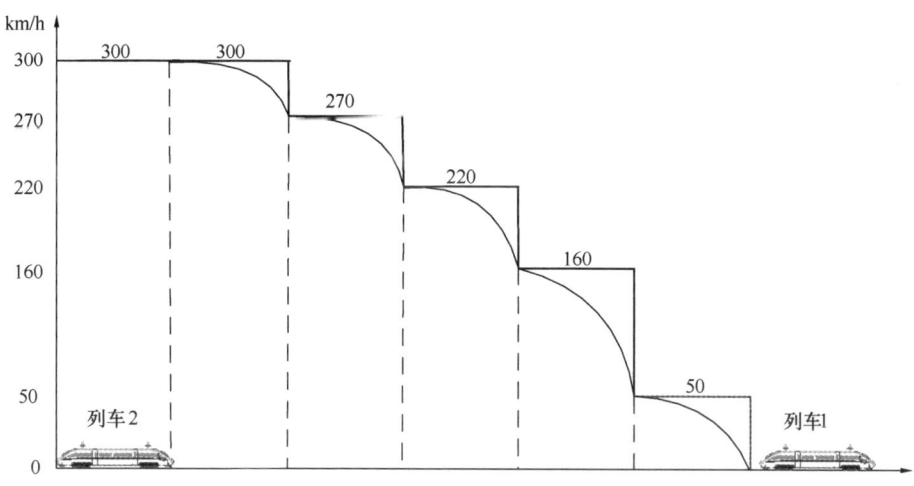

图 7-5　阶梯式控制方式

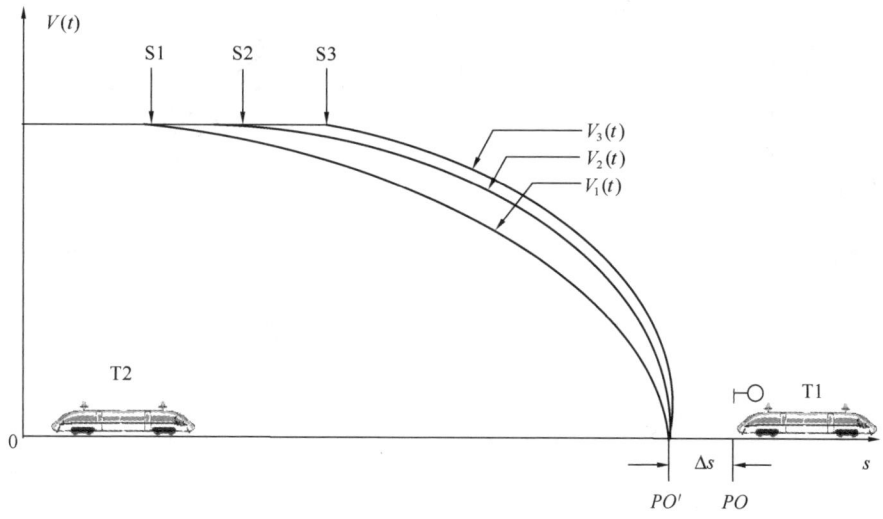

图 7-6　速度-距离模式曲线控制方式

施位置滞后于最大常用制动实施位置。在制动曲线的计算中，实施制动时还需要考虑列车的空走时间和制动延时等问题。

在图 7-6 中，PO 点是后行列车 T2 的理论制动点，同时也是前行列车 T1 的尾部坐标点或者防护信号机、防护点标志的坐标点，而 PO' 点是后行列车 T2 的计算停车点。PO 和 PO' 之间的距离 Δs 称为安全防护距离，可以是常量，也可以是变量，与列车运行的安全和效率有密切的关系。安全防护距离越短，运行效率越高，相应安全的风险较大，反之亦然。安全距离的确定，不仅与列车制动时的初速度有关，还与列车制动曲线的理论计算和实际制动的误差有关。实际的误差则不仅与列车的载重、制动系统的磨耗程度和制动时轮轨关系等有关，还与制动系统的离散性有关。显然，安全距离的确定是一个复杂的理论问题，也是一个需要实践和经验积累的问题。

图 7-7 给出了列车 T2 完整的牵引和制动速度-距离曲线 $V_{T2}(t)$。$V_{T2}(t)$ 是前行列车的速度-距离模式曲线。图中的虚线对应的距离 S_i 处，表明从该处起列车的速度发生变化。列车速度-距离模式曲线可以分为牵引加速（牵引功能目前在高速列车运行控制系统中仅作为预备功能，为列车自动驾驶做储备。目前的牵引加速功能由司机完成）、巡航运行、减速运行和制动三部分。建立速度-距离模式曲线模型是高速列车运行控制系统设计的难点之一，不仅与列车牵引制动性能有关，还与列车运行的线路参数、信号系统的制式有关。如采用单质点模型，高速列车速度-距离模式曲线的模型可用式（7-2）、式（7-3）表示。

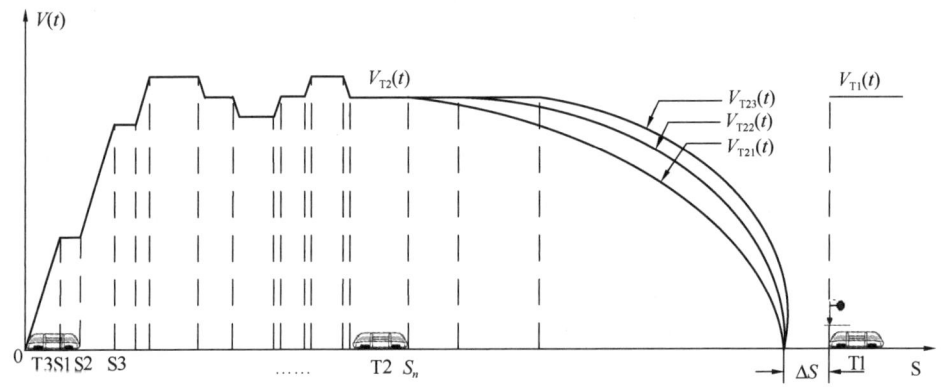

图 7-7　牵引和制动速度-距离曲线

$$m\frac{\mathrm{d}v}{\mathrm{d}t} = u_\mathrm{f}f(v) - u_\mathrm{b}b(v) - w(v) - g(x) \tag{7-2}$$

$$\frac{\mathrm{d}t}{\mathrm{d}t} = v \tag{7-3}$$

式中　　m——列车质量；

　　　　v——运行速度；

　　　　x——运行位置；

　　$f(v)$——最大牵引力；

　　$b(v)$——最大制动力；

　　$w(v)$——基本阻力；

　　$g(x)$——附加（如坡度和曲度等）阻力。

上式仅仅给出这类模型的一般形式，在高速列车运行控制系统中实际应用的模型要复杂得多。这里不做专门的深入分析，仅介绍其一般原理。

第四节　中国高速列车运行控制系统
(China's High-speed Train Operation Control System)

高速列车运行控制系统是伴随着高速铁路的发展而发展起来的。世界上高速列车运行控制系统总体上可以分为三大类：第一类是日本的高速列车运行控制系统；第二类是欧洲的高速列车运行控制系统，主要是法国和德国本土的高速列车运行控制系统及欧洲列车运行控制系统（European train control system，ETCS）；第三类是中国列车运行控制系统（Chinese train control system，CTCS）。西班牙、意大利、瑞典和英国以及中国的台湾地区，其高速列车运行控制系统均可以归在这三类系统之中。其中，欧洲列车运行控制系统 ETCS 和中国列车运行控制系统 CTCS 已各自形成比较完善的技术体系。

随着中国客运专线的建设和高速铁路的发展，对铁道信号技术提出了新的挑战。为了建立一套完整的兼顾既有线路和高速铁路的列车运行控制系统，在现有国内技术水平基础上，参照国外列车运行控制系统规范和运用经验，结合我国铁路运输特点，遵循全路统一规划的原则，原铁道部于 2002 年确定构建中国列车运行控制系统（以下简称 CTCS）。结合我国国情，从实际需求出发，遵循以地面设备为基础，车载与地面设备统一设计的原则，按系统构成和功能将 CTCS 系统划分为 CTCS-0 级、CTCS-1 级、CTCS-2 级、CTCS-3 级和 CTCS-4 级。

为了规范的一致性，将目前干线铁路应用的既有地面信号设备和车载设备定义为 CTCS-0 级，CTCS-0 级由通用机车信号和列车运行监控装置组成。

1. CTCS-1 级

CTCS-1 级由主体机车信号＋安全型运行监控装置组成，面向 160km/h 及以下的区段，在既有设备基础上强化改造，达到机车信号主体化要求，增加点式设备，实现列车运行安全监控功能。利用轨道电路完成列车占用检测及完整性检查，连续向列车传送控制信息。

CTCS-1 级与 CTCS-0 级的差别在于全面提高了系统的安全性，是对 CTCS-0 级的全面加强。

2. CTCS-2 级

CTCS-2 级列控系统是基于轨道电路和点式信息设备传输信息的点-连式列车运行控制系统。其中，轨道电路负责列车占用检测及完整性检查，连续向列车传送列车前方轨道空闲数量，点式信息设备传输位置校正信息、进路参数、线路参数、临时限速等。

CTCS-2 级面向提速干线和高速铁路，地面可不设通过信号机。

3. CTCS-3 级

CTCS-3 级列车运行控制系统是基于通信的列车运行控制系统。它以 CTCS-2 级列车运行控制信息传输系统为基础，采用轨道电路检查列车占用，点式信息设备提供列车用于测距修正，以无线通信系统（如 GSM-R）实现车-地连续、双向信息传输。行车许可由地面无线比赛中心 RBC 产生，通过无线通信系统传送到车载设备，并实时计算目标-距离模式曲线监控列车运行速度。通过双向信息传输，CTCS-3 级实现了地面控制设备与移动体车载设备的闭环控制。

CTCS-3 级列车运行控制系统主要面向高速铁路，地面不设通过信号机。

4. CTCS-4 级

CTCS-4 级是基于无线通信（如 GSM-R）且实现移动闭塞的列车运行控制系统。由车载设备通过车-地间无线通信系统实时将列车位置及完整性信息等传送给地面无线闭塞中心（RBC）。行车许可由地面无线闭塞中心 RBC 产生，通过无线通信系统传送到车载设备，并实时计算目标-距离模式曲线监控列车运行速度。通过双向信息传输，CTCS-3 级实现了地面控制设备与移动体车载设备的闭环控制。

CTCS-0 级和 CTCS-1 级用于常规则铁路，CTCS-2 级和 CTCS-3 级用于中国高速列车运行控制系统。本书主要围绕我国高速列车运行控制进行详细介绍。

专业词汇汉英对照（Glossary）

专业词汇	拼音	英文
列车运行控制系统	lièchē yùnxíng kòngzhì xìtǒng	train operation control system
调度集中	diàodù jízhōng	centralized dispatch
地面设备	dìmiàn shèbèi	ground equipment
车载设备	chēzài shèbèi	car equipment
车-地通信设备	chē-dì tōngxìn shèbèi	vehicle-ground communication equipment
测速测距智能处理器	cèsù cèjù zhìnéng chǔlǐqì	speed & distance processing unit
欧洲列车运行控制系统	ōuzhōu lièchē yùnxíng kòngzhì xìtǒng	European train control system
中国列车运行控制系统	zhōngguó lièchē yùnxíng kòngzhì xìtǒng	Chinese train control system

思考题（Questions）

1. 列车运行控制系统的作用是什么？
2. 列车运行控制系统可以分成哪几级？各有什么特点？
3. 简述列控系统的基本原理。
4. 简述行车闭塞原理。
5. 简述列车测速的方式及原理。
6. 简述列车定位的原理。
7. 简述速度监控的原理。

拓展阅读（Extensive Reading）

智能高速铁路

智能高速铁路（Intelligent High Speed Railway，IHSR）是广泛应用云计算、大数据、物联网、移动互联、人工智能、北斗导航、BIM、5G等新一代信息技术，综合高效利用资源，实现高速铁路移动装备、固定基础设施及内外部环境间信息的全面感知、泛在互联、融合处理、主动学习和科学决策，实现全生命周期一体化管理的新一代高速铁路系统。智能高速铁路的建设是一项长期性、持续性、渐进性的复杂工程，为有序推动智能高速铁路的分期分阶段可持续发展，需要定义智能建造、智能装备、智能运营3个板块的核心关键技术图谱，并根据技术发展趋势、应用前景、需求迫切性等维度合理制定各类技术的实现路径，为实现更加安全可靠、更加温馨舒适、更加节能环保、更加经济高效、更加方便快捷的智能高速铁路战略目标提供关键技术支撑。

智能高速铁路具有典型的智能系统必备的全面感知、泛在互联、融合处理、主动学习和科学决策等特征，为实现上述特征迫切需要大数据、人工智能、物联网等关键支撑技术的支撑，也亟须攻克铁路领域的关键专用技术。为此将智能高速铁路关键技术划分为关键支撑技术和铁路关键专用技术两大类。

一、关键支撑技术

关键支撑技术主要是物联网、大数据、云计算、人工智能、下一代移动通信等通用基础性技术（表7-1）。

表 7-1　智能高速铁路关键支撑技术构成

关键技术	技术分类	应用范围
物联网技术	（1）传感器；（2）射频识别；（3）无线传感网络等	高速铁路固定设施、移动设备、外部环境状态信息的采集
大数据技术	（1）结构化与非结构化数据高效存储；（2）并行分布式数据处理；（3）海量数据融合分析；（4）跨媒体数据挖掘等	高速铁路海量内外部信息的采集、汇聚、治理、分析挖掘等
云计算技术	（1）云资源标准化；（2）云资源调度；（3）云资源安全；（4）云资源监控等	提供统一高效、共享共用、按需分配的信息基础设施资源
人工智能技术	（1）深度学习；（2）机器学习；（3）自然语言处理；（4）跨媒体智能；（5）类脑智能；（6）大数据智能等	人脸识别、列车自动控制、非法侵入识别、故障图像智能识别、智能语音客服等
下一代移动通信技术	（1）车-地高速移动通信；（2）车-车移动通信；（3）海量设备互联等	高速铁路智能车站、技术场站设备互联、高速列车运行控制等

物联网技术主要是指依靠传感器、射频识别、无线传感网络等技术，采集高速铁路固定设施、移动设备、外部环境状态等信息，运用智能计算技术对各类信息进行分析处理，实现智能化决策和控制。大数据技术是解决高速铁路海量内外部信息的采集、汇聚、治理、分析挖掘等的核心技术，在客运组织与服务、运输调度、移动设备和固定设施检修与监测、经营管理等方面，能够有效提升智能高速铁路的数据实时接入、在线计算处理、数据价值挖掘、关联业务分析和辅助决策能力。

云计算技术具有组件化、虚拟化、服务化的技术特性，为高速铁路业务系统提供集中统一、按需服务、弹性扩展、安全可控的硬件资源，以及平台组件和应用软件的集中服务，促进智能高速铁路业务高度互联协同。人工智能技术基于大数据和新型高性能计算架构，应用深度学习、机器学习、自然语言处理、跨媒体智能、大数据智能、类脑智能等方法，使高速铁路移动装备和固定设施具有学习、推理、思考、决策等能力。可应用于人脸识别、列车自动控制、非法侵入识别、故障智能诊断、智能语音客服等方面。下一代移动通信主要包括5G等作为智能高速铁路重要支撑技术，主要应用于高速铁路智能车站、技术场站设备互联、高速列车运行控制等，具有传输速度快、带宽大、低延时、高可靠等特点。

二、铁路关键专用技术

依据智能高速铁路体系架构的层次结构划分，智能高速铁路关键专用技术主要划分为智能建造、智能装备、智能运营三大板块的关键技术（图 7-8）。

第七章 列车运行控制系统
Train Operation Control System

图 7-8 智能高速铁路关键专用技术构成

智能建造将 BIM、GIS、数字孪生、施工机器人、自动化质检、预制化与拼装化等技术与先进的工程建造技术相融合，实现高速铁路勘察设计、工程施工、建设管理全过程的智能化管控。智能建造关键技术主要涉及基于领域知识的智能技术、全生命周期信息一体化协同、智能工地技术 3 个业务领域 15 项关键技术。智能装备将全方位态势感知、自动驾驶、运行控制、故障诊断与健康管理（PHM）等技术与先进装备技术相融合，实现高速铁路移动装备和基础设施全生命周期的安全化、高效化和智能化管理。智能装备关键技术主要涉及智能动车组、智能运行控制、新一代铁路移动通信、智能牵引供电、智能安全保障、智能检测监测 6 个业务领域 27 项关键技术。智能运营将泛在感知、智能监测、增强现实、智能视频、事故预测及智联网等技术与高速铁路运营技术相结合，实现个性化服务、预测化运维和智能化运营。智能运营关键技术主要涉及智能票务、智能客站、智能调度、智能运维 4 个业务领域 22 项关键技术。

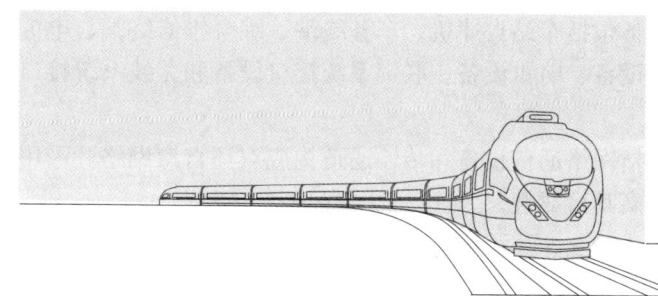

第八章

调度集中系统
Centralized Dispatch System

第一节 概述（Summary）

调度集中系统是指行车调度员在调度中心集中控制和监视所辖区段内各车站信号设备，统一调度和指挥列车运行的遥控、遥信系统，也称为列车集中控制系统（train centralized control system）。

调度集中的主要功能是集中控制列车进路。直接效果是行车管理的自动化和遥控化。如图 8-1 所示，通信作用——"遥信"指的是车站被控对象的各种表示信息通过传输网络传送至控制中心，实现了列车运行信息传送的自动化；遥控作用——"遥控"指的是调度员在控制中心直接掌握所辖区段的列车运行情况。以确定列车的行动，并利用技术手段通过传输网络直接控制所辖区段内各个车站的接、发车进路，实现向列车传达指令的遥控化。

一、分散自律调度集中系统（Decentralized Autonomous Dispatch Centralized System）

1. 基本结构

分散自律调度集中系统由调度中心子系统、车站子系统和传输网络子系统三部分组成。

（1）调度中心子系统包括数据库服务器、应用服务器、通信前置服务器、网络设备、电源设备、防雷设备、网管工作站、系统维护工作站、调度员工作站、助理调度员工作站、值班主任工作站、控制工作站、计划员工作站、综合维修工作站等。

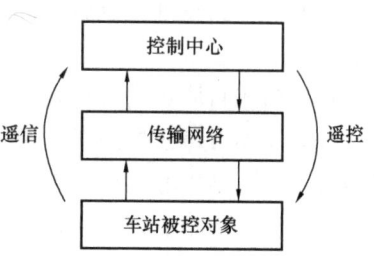

图 8-1 TDCS 基本模型图

（2）车站子系统主要设备包括车站自律机、车务终端、综合维修终端、电务维护终端、网络设备、电源设备、防雷设备、联锁系统接口设备和无线系统接口设备等。

（3）传输网络子系统包括网络通信设备和传输通道构成双环自愈网络，采用迂回、环状、冗余等方式提高其可靠性。

2. 作业流程

具体流程如图8-2所示。

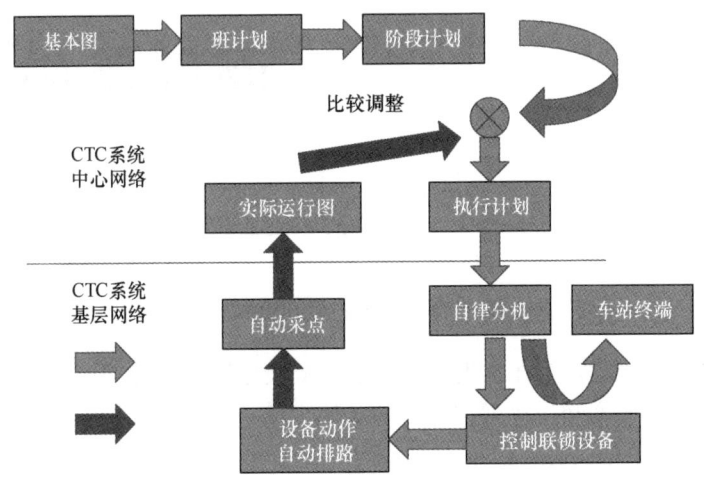

图 8-2　CTC 调车作业流程图

（1）在列车调度工作站编制、下达列运行调整计划，计划下达到各站。

（2）各站收到计划后，自动将列运行调整计划转换为列车进路指令序列。

（3）CTC排列进路的规定时机一到，并进行《车站行车工作细则》条件检查通过后，向联锁系统下达进路控制命令。

（4）在进路排列完成后，自动以文字方式向司机提供前方站的接车进路预告信息。

（5）将来自联锁的行车表示信息以及自身采集的表示信息发送至调度中心。

（6）车站自律机按照报点规则自动采集列车的到、发点、通过点，并将报点信息发送至调度中心，调度中心依此来自动描绘实迹图；车站自律机将报点信息传送；车务终端根据该信息自动填写运统二、三报表。

铁路运统（运行统计）1～9分别是：运统1，列车编组顺序表；运统2，中间站行车日志；运统3，编组站区段站行车日志；运统4，货车出入登记簿；运统5，检修车登记簿；运统6，运用车转变记录；运统7，非运用车登记簿；运统8，号码制货车停留时间登记簿；运统9，非号码制货车停留时间登记簿。

第八章 调度集中系统
Centralized Dispatch System

二、智能调度集中系统（Intelligent Dispatching Centralized System）

1. 基本概念

随着中国高铁的飞速发展，铁路信号系统不断自动化、智能化，整个铁路系统对调度系统智能化的需求也不断增加，智能高铁调度集中逐渐成为调度集中系统未来的发展趋势。

在传统分散自律调度集中系统基础上，智能高铁调度集中（CTC）系统主要新增功能包括：列车运行计划自动调整、进路和命令安全卡控、行车信息数据平台、行车调度综合仿真和列车自动驾驶系统 ATO 功能应用。智能 CTC 以现有 CTC 系统为基础，不改变现有 CTC 系统架构，结合"智能铁路"的发展需求，优化完善现有 CTC 系统。

智能调度集中系统按照当前规划分成三个层级：第一层级实现阶段计划辅助调整、安全卡控等功能；第二层级实现阶段计划自动调整、早晚点预测等功能；第三层级实现行车调度信息大数据运用、阶段计划智能调整等功能。

2. 基本原则

（1）本系统以现有 CTC 系统为基础，结合"智能铁路"的发展需求，在列车运行自动调整、进路和命令安全卡控、行车信息数据平台、行车调度综合仿真和 ATO 功能应用等方面进一步优化完善，提升了调度集中系统智能化水平。

（2）本系统是对现有 CTC 的补充完善，不改变现有 CTC 系统架构。

（3）列车运行自动调整功能应根据不同的场所提供不同的调整策略，调整后计划符合相关约束条件，具有可用性和便捷性。

（4）进路和命令安全卡控功能应拓展现有系统自律卡控条件和自律检查范围，增加固定径路卡控、复杂站场进路控制、无线发车进路预告等功能，实现综合智能卡控。

（5）行车信息数据平台应在既有 CTC 系统结构基础上，通过加强与运输信息集成平台、轨道交通电力监控系统（PSCADA）等系统的结合，在保证信息安全的基础上，采用符合公司信息共享有关规定的统一数据通信规程，实现系统与客运、供电、工务、机务、车辆等专业信息系统的信息共享扩展。

（6）行车调度综合仿真功能应实现正常 CTC 业务操作演练和应急场景模拟演练。

3. 自动调整原则

（1）系统应根据不同的运输场景，以及预先设置的调整策略，为调度员提供需人工确认的智能调整方案，实现列车运行计划的快速和智能化调整。

（2）系统应建立列车交路、最小折返时间和股道运用等关键信息数据库，为实现系统列车运行计划智能调整功能提供相关基础数据。

（3）系统应建立与限速速度值关联的高铁列车运行计划智能调整模型，在临时限速区域，采用不改变列车运行先后顺序和停靠站点的原则，实现列车运行计划快速智能调整。

（4）系统应建立晚点车次、总晚点时间、股道运用等综合调整模型，针对设备故障、自然灾害、非正常停车等影响列车正常运行秩序的情况，采用整体晚点最少或影响车次最少的方案，选择列车待避车站、股道调整，实现后续列车计划智能调整。

（5）系统应建立高铁线路和调度所辖区域接续关系模型，实现运行列车的晚点预测。

（6）系统应建立高铁列车计划调整专家知识库，对不同因素造成的晚点和调整方案进行归类，实现调整案例和经验的积累。

第二节　系统主要功能和工作原理
(Main Functions and Working Principles of the System)

分散调度集中系统（decentralized autonomous dispatch centralized system）采用分布式计算机控制技术（distributed computer control technology），将系统的目标和任务事先按一定方式分配给子系统，然后由子系统间通过数据通信进行信息交互和相互协调，独立完成目标或任务。该系统涵盖了分局 DMIS 系统的所有功能，在此基础上，还具备调度集中的控制功能和分散控制特点，本节主要介绍了该系统的进路控制功能、行车调度功能、CTC 显示及控制功能等，同时简要说明了其工作原理。

一、系统功能概述

1. 进路控制功能

分散自律调度集中系统的进路控制功能包括列车进路控制和调车进路控制两个部分。

（1）列车进路控制功能

列车进路控制分为列车进路自动控制和列车进路人工控制。

① 列车进路自动控制。列车进路自动控制即自动按图排列进路方式，当系统处于自动按图排列进路状态时，自律机能根据列车运行调整计划自动排列进路，即车站自律机依据列车运行调整计划自动生成列车进路指令，适时转换为命令后发送给本站联锁设备执行。调度集中系统对于计划通过列车，可以采用接发车进路分开办理和一次性办理通过进路两种方式。

② 列车进路人工控制。列车进路人工控制包括进路序列控制和按钮控制。进路序列控制包括进路序列的人工触发、变更自动触发、变更股道、删除进路等操作。人工触发进路序列中的列车进路时，由操作者确认该进路办理的时机和条

件，自律机按照分散自律约束条件和待办理的进路序列实际情况对其进行检查和提示。人工按钮排列列车进路时，操作者人工点击始端和终端信号机按钮，同时确认该进路的办理时机和条件，人工输入列车车次号，自律机对其进行联锁逻辑判断，按《车站行车工作细则》检测，若检测成功，则按照列车车次号、办理进路状态自动对进路序列进行更新。

（2）调车进路控制功能

调车进路的控制功能是新一代分散自律调度集中系统的特点之一。

① 调车计划的编制。调度中心的助理调度员负责编制无人车站的调车作业计划，包括：

a. 由本务机车或小运转机车担当的甩挂调车作业；

b. 由本务机车或小运转机车担当的取送车作业；

c. 无客货运业务中间站的甩挂故障车作业和路用车调车作业。

有专用调车机车站的调车计划由车站的站调负责编制，也可由调度中心的助理调度员负责编制，由车站值班员输入分散自律调度集中系统。

② 调车计划的发送。无人车站的调车作业通知单能够发送到机车上，由司机打印后转交（移动）调车组人员；有人车站的调车作业通知单能够发送到车站值班员，由车站打印后转交调车组人员。由本务机执行的调车作业通知单必须附有站场示意图。

③ 调车进路的选路。能够实现人工选路和智能辅助两种方式的选路。

④ 调车进路排列和列车计划的冲突检测。系统能够检测调车进路的办理与列车计划的冲突，一旦检测有冲突，进行提示告警，并询问是否继续办理。当选择继续办理时，必须输入预计进路占用时分。如果调车进路没有在预计的时间解锁，则报警。

与列车计划可能会有冲突的调车进路有：穿越正线的调车进路，占用到发线的调车进路，不占用到发线但影响接发车的调车进路。

⑤ 调车计划的自动调整功能。本务机担当的甩挂作业会随本务机到站时刻的变化而变化；某一条调车进路开始办理的时刻能够随列车计划的变化而自动调整，并以避让进路的形式体现出来。

⑥ 调车自动排列进路。调车作业在列车作业间隙排列，当系统处于自动按图排列进路状态时，自律机能根据计划自动排列进路。

⑦ 调车人工排列进路。调车进路人工控制包括进路序列的人工触发、删除进路等操作。人工按钮排列调车进路时，操作者人工点击始端和终端信号机按钮，同时确认该进路的办理时机和条件，人工输入列车车次号，自律机对其进行联锁逻辑判断和车站行车工作细则检测，若检测成功，则按照列车车次号、办理进路状态自动对进路序列进行更新。

2. 行车调度功能

分散自律调度集中系统在列车调度指挥系统（train dispatching command system）的基础上，还具备一些调度集中（centralized scheduling）的控制功能和分散自律控制的特点。行车调度功能主要有以下几个方面。

(1) 用户登录及交接班登录

① 用户登录。调度员（或车站值班员）必须通过使用正确的用户名和密码进行登录才能进入分散自律调度集中系统并使用系统功能。此举旨在加强对分散自律调度集中系统的安全管理，防止非法人员进入并操控系统。

② 交接班登录。当调度员（或车站值班员）交接班时，可以退出系统重新登录，也可以直接选择交接班退出操作状态，再通过使用正确的用户名和密码进入系统。

(2) 调度命令下达

调度命令是指调度中心各工种之间的调度命令，是调度员指挥行车的重要文字凭证。包括行车调度员向车站值班员、机务段值班员、乘务室值班员下达的调度命令；行车调度员、车站值班员向司机发送的调度命令；车站值班员向行车调度员发送的调度命令请求。

① 无线调度命令。无线调度命令是指调度员在调度中心将调度命令、行车凭证编制完毕后，通过网络直接向机车发布调度信息，由司机进行确认，并向调度中心发送回执。无线调度命令功能实现了调度信息的不停车交付，强化了调度员对列车、司机的直接控制。

无线通信方式下无线调度命令的发送共有两种方式。第一种方式为通过调度命令无线传送系统发送。在这种方式下，调度中心与调度命令无线传送系统是通过车站自律机实现的，即数据从车站发出。第二种方式为通过 GSM-R 系统发送调度指令。调度系统与 GSM-R 系统有固定的接口，通过这一接口服务器，数据从调度中心转发至机车，使用 GSM-R 系统传送调度信息的好处在于，只要在 GSM-R 信号覆盖的地方，分散自律调度集中系统均能可靠地将数据发送到机车，也能够可靠地接收到来自机车的信息。

② 回执。调度命令的传送是一个闭环的过程。发送到车站的调度命令，车站收到后，调度中心会收到工作站发送的"自动回执"信息，表明调度命令已经被送达车站；当车站值班员阅读完调度命令，按下"签收"键后，系统将"人工回执"信息发回给调度中心，表明调度命令已被送达车站，并且已被车站值班员阅读签收。但是对于发送到机车的调度命令，机车接收到调度命令时，需要首先判断列车车次号和机车号是否与自身的相符，确定相符后再发送回执。

(3) 调度监督信息的显示

包括：① 信号设备状态的显示。例如各种信号机的开放与关闭情况、区段的占用及锁闭情况以及各种信号设备及控制模式的表示灯等。②列车运行位置及车次号显示。即随着列车在车站和区间之间的移动显示列车实际车次号信息。③基本图的编辑、修改和显示。④班计划的编辑、修改和显示。⑤列车运行计划的编辑、修改和显示。列车运行计划（train operation plan）包括开行列车的车次、到发点、中停车站、停靠股道、作业时间及会让时间等，它是列车运行的依据。

（4）列车编组和速报

列车编组内容包括：车次号、发报时间和发报站、总重、车辆数、长度、车号、品名、到站等。分散自律调度集中系统与铁路运输管理系统（TMIS）结合，从 TMIS 中获取信息，作为调度员安排作业的依据。列车速报是指分散自律调度集中系统可以通过无线车次号校核系统或 GSM-R 系统获取列车小编组。

（5）生成及下达甩挂作业计划

行车调度员根据列车编组单和车站站存车情况，结合作业列车运行的具体情况，形成甩挂作业计划，并通过网络下达到车站。车站值班员根据该甩挂计划安排站内调车作业，并制定调车作业通知单。甩挂作业结束后，车站值班员需将新的编组情况发送到调度中心，系统自动更新，以便安排前方站的甩挂作业。

此外，分散自律调度集中系统可以处理无行车人员车站的甩挂调车作业。此时由助理调度员组织调车作业。

（6）管理车站站存车信息

车站站存车指到达场待解列车、发车场待发列车、调车场集结车辆、货场及专用线本站作业车等。车站站存车的信息内容包括：①车站名；②存车线名称；③存车类型，即重车或空车，重车分车种，空车分去向；④存车数量；⑤存车的说明信息；⑥存车更新时刻。车站值班员需要将车站站存车信息发送到调度中心，供各工种查询。

（7）自动生成车站行车日志及车站运行图

分散自律调度集中系统可以自动生成车站运统 2、运统 3 报表，包括车次号、接发车股道、邻站发车时刻、本站计划到达时刻、本站实际到达时刻、本站计划出发时刻、本站实际出发时刻、邻站到达时刻等信息，并可以进行存储、查询和打印操作。

（8）车站站间透明

分散自律调度集中的车站子系统可以显示本站以及相邻各 2 站的相关信息，帮助车站值班员了解邻站信号设备的状态、进路排列情况、列车运行位置等信息，实现站间透明，提高作业效率。

（9）运输指标统计

分散自律调度集中系统可以自动统计列车到发正点率、运行正点率、列车旅行速度和列车技术速度等运输指标,并生成相应的日报表。对于分界口车站,可以自动计算分界口的交接列车数量。

3. 列车运行调整计划

列车运行调整计划就是指当列车运行的实际状态偏离预定值造成列车运行紊乱时,调度员需要以实际运行图和日班计划为基础,对阶段的计划进行调整,合理地确定和优化列车运行时刻表,以最大限度地利用区段通过能力。行车调度员利用列车运行调整计划系统完成日常运输指挥工作。

列车运行调整计划的功能主要包括完成列车运行调整计划的编制和下达,以及向有关站段下达调度命令和向机车下达无线调度命令,对车站自律机在执行列车运行调整计划的过程中发生的异常情况进行报警提示。

(1) 列车运行冲突(train operation conflict)

列车与列车的间隔在时间上重复和在空间上叠加造成列车运行冲突。按发生的地点和方式可主要分为区间运行冲突、车站间隔时间冲突、股道运用冲突。

① 区间运行冲突。区间运行冲突是指列车运行计划线在单线区间发生交叉的现象,如图8-3所示。列车运行计划线在区间追踪运行发生交叉的现象也属于区间运行冲突,如图8-4所示。

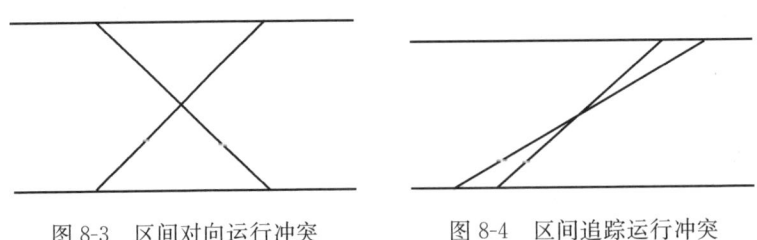

图 8-3 区间对向运行冲突   图 8-4 区间追踪运行冲突

② 车站间隔时间冲突。车站间隔时间冲突分为追踪间隔时间冲突、同方向列车连发间隔时间冲突、不同时到达间隔时间冲突、会车间隔时间冲突、同方向列车不同时到发间隔时间冲突和不同时发到间隔时间冲突。

a. 追踪间隔时间冲突。在自动闭塞区段,一个站区间内两列或两列以上同方向列车以闭塞分区间隔追踪运行,追踪运行列车之间的最小间隔时间为追踪间隔时间 I,如图8-5所示。当两列车之间的追踪间隔时间小于 I 时,即称为发生了追踪间隔时间冲突。

b. 同方向列车连发间隔时间冲突。在单线或双线区段,从列车到达或通过前方邻接车站时起,至由车站向该区间再发出另一同方向列车时止的最小间隔时间,为同方向列车连发间隔时间,如图8-6所示。当两列同方向列车之间的连发间隔时间小于 $\tau_连$ 即称为发生了同方向列车连发间隔时间冲突。

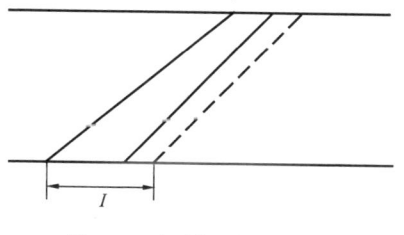
图8-5 追踪间隔时间冲突

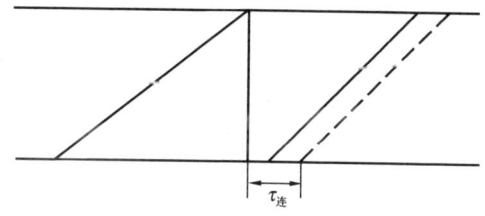
图8-6 同方向列车连发间隔时间冲突

c. 不同时到达间隔时间冲突。在单线区段，来自相对方向的两列车在车站交会时，从某一方向列车到达车站时起，至相对方向列车到达或通过该站时止的最小间隔时间，为不同时到达间隔时间，如图8-7所示，用 $\tau_{不}$ 表示。当两列相对方向的列车之间的间隔时间小于 $\tau_{不}$，则称为发生了不同时到达间隔时间冲突。

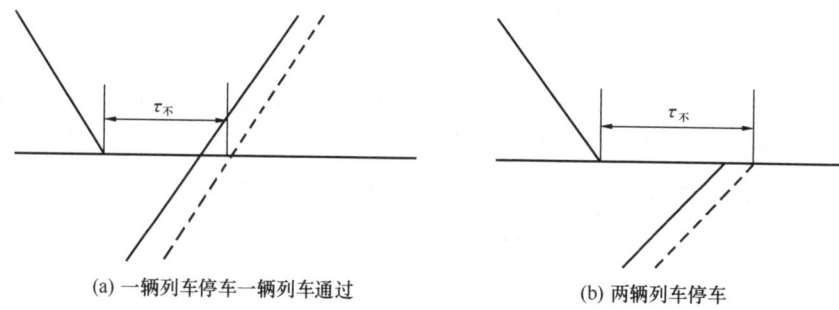

(a) 一辆列车停车一辆列车通过　　　　　(b) 两辆列车停车

图8-7 不同时到达间隔时间冲突

d. 会车间隔时间冲突。在单线区段，从列车到达或通过车站时起，至由该站向同一区间发出另一对列车时止的最小间隔时间，为会车间隔时间，如图8-8所示，一般用 $\tau_{会}$ 表示。当两列车之间的会车间隔时间小于 $\tau_{会}$ 时就发生了会车间隔时间冲突。

e. 同方向列车不同时到发间隔时间冲突。两列同方向列车，自某一列车到达车站时起，至由该站发出的另一同方向列车时止的最小间隔时间，为同方向列车不同时到发间隔时间 $\tau_{到发}$，如图8-9所示。当两列车之间的到发间隔时间小于

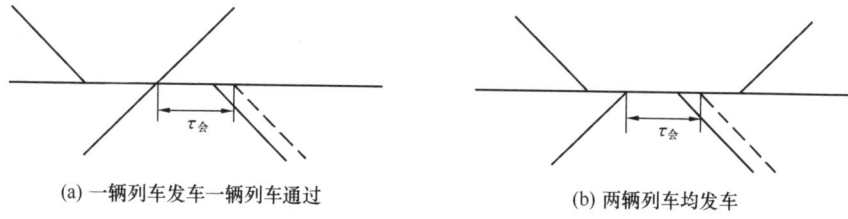

(a) 一辆列车发车一辆列车通过　　　　　(b) 两辆列车均发车

图8-8 会车间隔时间冲突

$\tau_{到发}$时,即发生了同方向列车不同时到发间隔时间冲突。

f. 同方向列车不同时发到间隔时间冲突。两列同方向列车,自某一列车发出车站时起,至另一同方向列车到达车站时止的最小间隔时间,为同方向列车不同时发到间隔时间 $\tau_{发到}$,如图 8-10 所示。

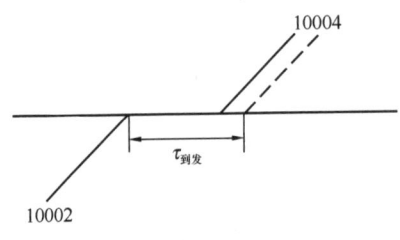

图 8-9　同方向列车不同时到发间隔时间冲突

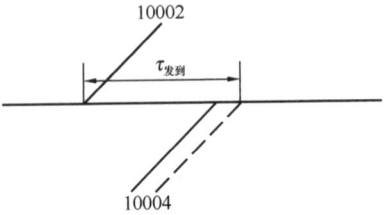

图 8-10　同方向列车不同时发到时间间隔冲突

（2）列车运行调整计划的编制和调整

列车运行调整计划是行车指挥自动化的重要内容,在分散自律调度集中系统中计划的编制和调整因素更多、更加细致。列车运行调整计划的准确性和合理性可以直接影响列车进路的自动控制、列车运行的效率和安全。因此,列车运行调整计划的编制和调整要考虑诸多因素,主要有以下几个方面:

① 股道分配。列车运行调整计划中的股道分配需严格和准确。除了需要考虑《技规》《铁路行车组织规则》及《车站行车工作细则》中的各项规定外,还需考虑到是否方便行车作业和一些运输习惯。

② 对到发列车的发车时间要进行标注。到发列车是否停够计划时间后再发车还是满足与前行列车的追踪间隔就可发车需要进行标注,并下达到各车站自律机中。

③ 对超限列车,除了根据车次号进行识别外,还要增加人工设置的手段。

④ 车站与调度中心通信中断且未转入非常站控模式前,调度员无权对已经下达到车站的列车运行调整计划进行修改。

⑤ 在下达列车运行调整计划时需进行合法性、时效性、完整性和无冲突性检查。

在正常条件下,列车应按列车运行图行车,但在实际情况中,往往容易由于人为原因或自然原因造成列车运行偏离运行图的情况。在列车密度较高的线路上,一个列车晚点很容易波及其他列车,造成很大范围的影响,此时就需要从整体上对列车运行计划进行调整,从而保证列车的有序、正常运行。当列车偏离列车运行图的程度不大时,可以利用运行图自身的冗余时间,通过一定的技术措施组织列车恢复正点,此时所采取的调整措施称为局部调整。当遇到恶劣天气或设备故障等情况时,列车严重偏离列车运行图,采取局部调整措施已不能解决问题，此时就需要从整体上、在大范围内梳理已紊乱的运行线，组织列车配合运行，这种措施称为大面积调整。调整列车运行调整计划需进行列车运行冲突检测以及调整列车运行计划两项操作。冲突检测需要显示出来不符合要求的地方，以便列车运行计划的调整，列车运行计划的调整分为人工调整和自动调整两种方式。

（3）列车运行调整计划的执行

列车运行调整计划的执行是计划与执行交互的过程，是一个从计划到执行，再从执行到计划的闭环系统。首先，将列车运行调整计划下达到车站自律机，依据《车站行车工作细则》规定检查其合理性，如果下达的计划有内容不符合规定，则进行报警提示并不予下达。确定下达内容符合规定后，车站自律机自动将计划解析为进路指令序列，当接发车存在变更进路时，自律机选基本进路。当接车进路有延续时，自律机自动选排延续进路。若排列进路不成功，自律机应给出报警提示，并在一段时间后再次按照指令尝试排列进路，直到进路排列成功。

分散自律调度集中系统的列车调整计划可以进行标记和显示。系统可以自我监测、自我报警、自我调整，并实时标记在运行图上，将各种实时变化提示给调度员。

专业词汇汉英对照（Glossary）

专业词汇	拼音	英文
列车集中控制系统	lièchē jízhōng kòngzhì xìtǒny	train centralized control system
列车调度指挥系统	lièchē diàodù zhǐhuī xìtǒng	train dispatching command system
分散自律调度集中系统	fēnsàn zìlǜ diàodù jízhōng xìtǒng	decentralized autonomous dispatch centralized system
智能调度集中系统	zhìnéng diàodù jízhōng xìtǒng	intelligent dispatching centralized system
分布式计算机控制技术	fēnbùshì jìsuànjī kòngzhì jìshù	distributed computer control technology
列车运行冲突	lièchē yùnxíng chōngtū	train operation conflict
列车运行计划	lièchē yùnxíng jìhuà	train operation plan

思考题（Questions）

1. 简述分散自律调度集中系统工作原理。
2. 分散自律调度集中系统的作业流程是什么？
3. 什么是智能调度集中？
4. 列车运行冲突有哪几种情况？分别概述。
5. 简述列车运行调整计划的编制和调整需考虑的规则有哪些？

拓展阅读（Extensive Reading）

1958年我国开始仿制苏联的极性频率制调度集中系统，在引进的同时，跨越了世界上发展调度集中的全继电式阶段，开始研制采用无接点元件构成的、选控逐验式频率电码调度集中系统，并分别于1961年春在沈阳—铁岭间（71km长）和1964年冬在锦州—大虎山间（长105km）进行了试验。可以说20世纪70年代前我国调度集中系统仍处于由继电方式向全电子方式过渡的阶段。

1949年至1995年年底，我国铁路调度集中系统发展缓慢。由于局限于当时的系统设计水平，以及配套装备不齐全和运输管理等方面的原因，20世纪70年代开通使用的调度集中系统，有的已停止使用，有的仅用其表示部分，只有少量的单线铁路和车站调车作业量少的双线铁路区段，继续使用着调度集中系统。

2003年，铁道部提出了铁路跨越式发展的战略思想，调度集中作为铁路信息化建设的重要组成部分，必须得到较快的发展。因此，CTC系统得到了发展。

2004年我国发布《分散自律CTC技术条件》，普速铁路采用了具备分散自律功能的CTC系统。随着CTCS-2和CTCS-3级列控系统的成熟，高速铁路CTC系统在普速CTC基础上不断完善，通过与高速铁路列车运行控制中心（TCC）、无线闭塞中心（rBC）、临时限速服务器（TSRS）等结合，并开发其他配套功能，满足了350km/h高速铁路调度指挥需要。

为适应高速铁路运营网络的快速发展，铁道部于2007年启动了北京、上海、武汉、广州及"四所一中心"调度指挥中心工程，开启了路网性高速铁路CTC系统研究和建设进程。

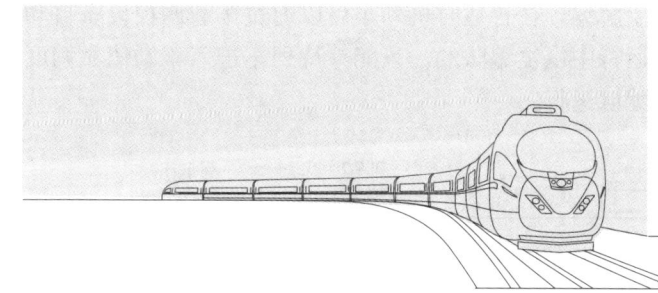

第 九 章

铁路信号新技术
New Railway Signal Technology

第一节 编队运行的列车群 (Train Groups Operating in Formation)

智能交通系统作为交通系统的未来重要发展方向，能有效地缓解交通拥堵、事故频发和资源紧张等社会问题。而多智能车辆编队作为发展过程中的重要研究内容，不仅提高了铁路运行能力，还可进一步保障列车运行安全，同时该方式可增强列车运行图对列车调整的适应能力，因此成为交通发达国家研究和应用的重点。

一、列车编队 (Train Formation) 运行方式的概念

将某些列车组织起来编成队列，通过调度指挥，利用列车间直接通信或间接通信保持相互联系，共同完成一定运输任务。将这种行车组织方式称为列车编队运行方式。为方便起见，将传统的列车独立完成运输任务的方式称为列车独立运行方式。如果编队列车有共同的始发站和终点站，称之为全程编队。如果只是具有线路上某个共同的区段，称之为区段编队。列车编队由于将重联中列车之间的有形连接（机械动力联系）改为无形联系（信息联系），使得编队列车更加灵活，可停靠不同股道。图 9-1 采用两种方式的对比，可以看出，编队运行可提高铁路线路上的行车密度。

列车编队运行的两个范围：一个是在区间上运行；另一个是通过车站的运行。

列车编队运行在区间内。由于铁路线的特殊性，线路上的列车只存在前后行追踪的情况，不会发生越行、会让等情况，只需控制列车间相互追踪间隔即可。列车编队在区间运行可能会因为特殊情况（如列车故障、线路状况等）造成编队

内部列车追踪间隔过大而发生解编，在合适时机列车可以通过车载调控设备自动恢复编队，对于不能在区间运行中恢复编队的，只能等待列车进入车站依靠调度行车组织系统来恢复列车的编队运行。

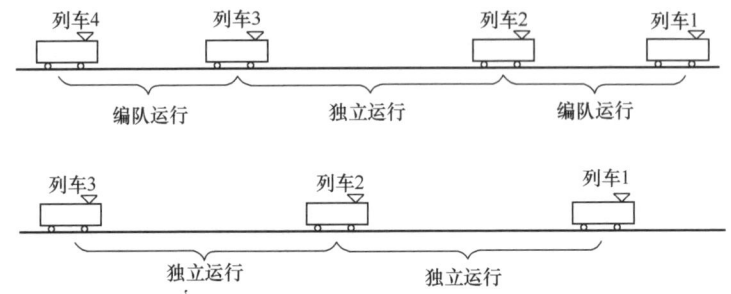

图 9-1　编队运行与独立运行方式的对比示意图

二、列车编队通过车站的四种形式

相对来说，列车编队通过车站的情况比较复杂，是本节介绍的主要内容，根据追踪间隔的需要和实际情况，有文献提出了列车编队通过车站的四种形式，分别为顺序接发式、队内越行式、编队被穿行式和编队侧线让行式。编队通过车站时可以根据需要选择以上四种形式中的某一种。

1. 顺序接发式

基本原理：编队内部的前后行两列车，约定前行列车进入侧线停稳，车站为后行列车办理进路，让其停在正线上，车载设备为后行列车生成一次制动曲线，目标点为列车要停股道出站信号机外方，目标速度为零。因为在计算独立运行到站追踪间隔时，列车要在进站信号机外方把速度降到道岔限速以下，方可驶进道岔区段，整个咽喉区加上一部分股道长度的区域里，列车以道岔侧向限速匀速通过，而编队中的后行列车在这段线路的速度要远远高于侧向限速。

编队内部后行列车进入正线的到站追踪关系示意图如图 9-2 所示。

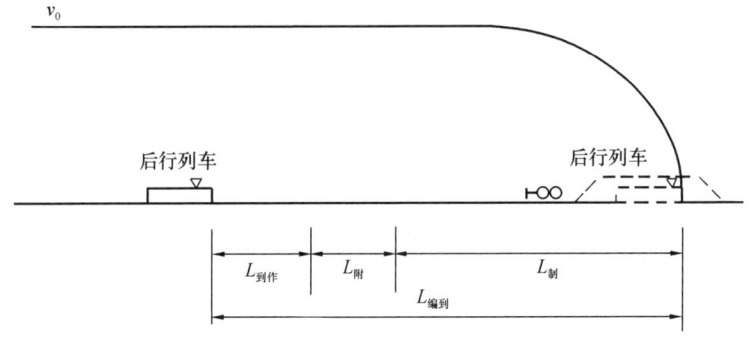

图 9-2　编队运行方式到站追踪间隔示意图

编队内部两列车的出站追踪间隔缩小的原理与到站类似。出站时让停在侧线的列车先发，等驶离道岔区段后，车站再为停在正线的列车办理进路，当前行列车驶离离去区段后，车站给后行列车开放信号，后行列车停在正线上，不用考虑列车在道岔区段的速度限制，它从启动时起以允许的加速度加速到列车在线路上的最高速度，直接提高了列车过道岔区段的运行速度。编队内部发车追踪示意图如图 9-3 所示。

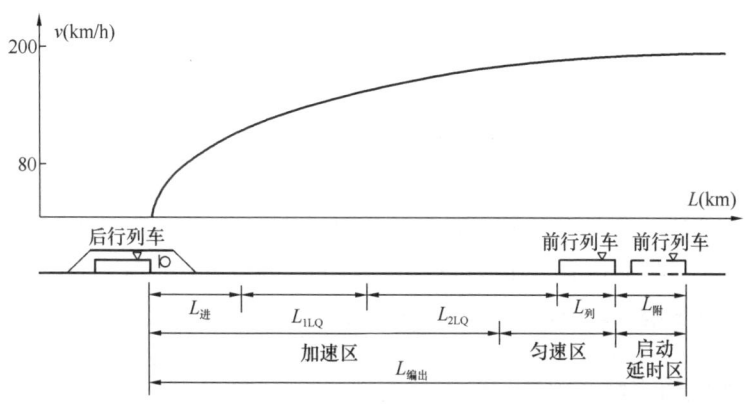

图 9-3　编队运行方式发车追踪间隔示意图

2. 队内越行式

采用队内越行式通过车站时，编队内部列车运行次序发生改变，即前行列车先进站停靠侧线，等队内后行列车直接通过正线（越行）后出站。这种形式用在编队后行列车时在车站不需要停靠，故可进一步节省编队通过车站的时间。由此，队内后行列车实现了对队内前行列车的越行，即队内越行。

顺序接发式和队内越行式两种情况如图 9-4 所示。

队内越行式只是缩短了列车占用车站及整条线路的时间，不会提高铁路单个

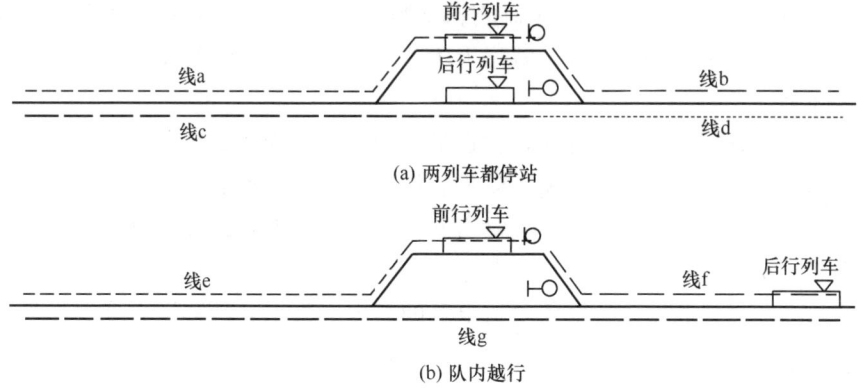

图 9-4　后行列车在车站没有越行和越行的对比图

区间的通过能力,但可提高整条线路的通过能力。

3. 编队被穿行式

实际运行中会遇到编队列车需要被编队外部跟行列车越行的情况,即编队内部有列车需要停站,跟行列车在某站正线直接通过(不停站)。如果在该车站编队采用顺序式通过车站,由于正线被队内后行列车占用,那么跟行列车无法以原追踪间隔正线通过。

为保证编队外部跟行列车以原有追踪间隔正线通过车站,提出外部列车分步穿行编队,也就是采取编队先在一车站解编到下一车站恢复的方式。当然,在下一车站继续采用原编队列车队内让行式通过车站。

如图 9-5 所示,列车 A 和列车 B 组成编队,列车 C 跟行。编队以队外列车越入队内式通过甲站,即列车 A 停侧线,列车 B 和 C 正线通过。编队解散。随后列车 A 侧线发车,到达乙站时,列车 B 停侧线,列车 C 和 A 正线通过,随后列车 B 侧线发车。编队恢复。在该过程中,列车 C 的位置从编队之后、到夹在两车之间、再到位于编队之前,所以将该形式命名为编队被穿行式。

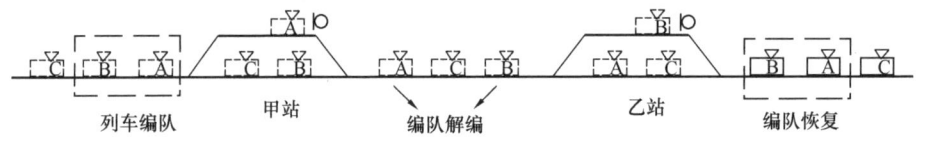

图 9-5　编队被穿行示意图

从图 9-5 中可以看出,要想整列列车在一个车站完成对编队的超越,编队最好都停入侧线,让出正线供后行列车对编队进行越行。因此,提出了第四种编队通过车站的形式。

4. 编队侧线让行式

对提到的编队被越行的问题,提出一个不解编编队而对系统做某些改造的方案。不解编编队,就需要编队列车都停靠侧线。此时,由于对编队内部后行列车有侧向限速的要求,到站追踪间隔增大为独立运行时的追踪间隔,大于编队运行的追踪间隔。

之前在计算到站追踪间隔时,根据最不利情况即确认前行列车完全进入侧线股道并停稳后才为后车办理进路。将前后行列车各自进路交叉点处道岔设置为关键道岔,采用只要前行列车出清关键道岔区段,则该道岔区段解锁,为后行列车办理进路,这样就将开始为后行列车办理进路的时间点提前了。这样可以缩小到站追踪间隔,当然联锁系统对于轨道电路的解锁应采用分段解锁方式。如果关键道岔位置设在越靠近进站信号机位置,作用越明显。大型车站或超大型车站的咽喉区比较长,对到站追踪间隔影响大,对它们的咽喉区做一些改造定会获得更好的效果。

如图 9-6 所示，其为对车站咽喉区改造前后的对比示意图。图 9-6(a) 所示的站场是一个股道数大于 6 的站场，6 股道也是采用编队侧线让行式最少股道数量，将该站场 5 股道和 6 股道两端延长（如果 5 股道和 6 股道之外还有股道也可采用其他的股道进行延长），在进站信号机内方与正线相交，点 1 号和 3 号道岔的型号至少是 18 号，改造后如图 9-6(b) 所示。

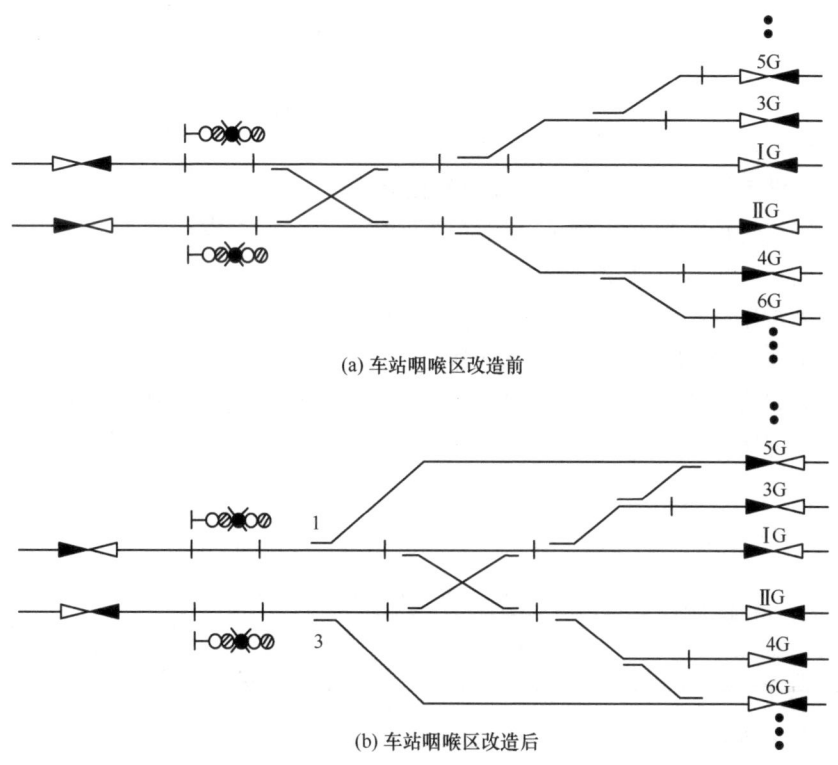

图 9-6　车站咽喉区改造前、后的对比

该关键道岔在联锁控制中采用列车出清该道岔区段后立即解锁（原理同分段解锁），转向另一个位置来准备后行列车的接车进路，不用管前行列车是否在股道上停稳，减少了咽喉区长度对到站追踪间隔的不利影响。

通过对侧线改造，将编队内的两列车接入侧线。为后车办理进路提前到了前行列车尾部刚出清关键道岔区段。

第二节　列车碰撞防护技术（Vehicle Collision Protection Technology）

碰撞防护系统（collision avoidance system，CAS）也称为避碰系统或者防撞系统，是一种基于直接通信技术，通过交互临近移动体间的位置和运行姿态信息，对可能发生的碰撞进行预警的系统。

一、基于 GPS 定位的列车接近预警系统

在轨道交通中，迎面相碰、追尾碰撞和侧面冲突是三种主要的列车碰撞方式。如图 9-7 所示。作为避免列车碰撞的接近预警系统，须能够可靠且及时地检测当前列车的自身位置及运行姿态（车次、线路、车速等信息），同时还要计算与前、后列车的位置距离关系，从而对所有可能发生的碰撞做出正确的检测。

按照行车安全需求，基于 GPS 的列车追踪接近预警系统采用蓝黄红三级告警的预警模式，列车接近预警安全距离示意图如图 9-8 所示。当前行列车紧急制动以后，前行列车尾部加上最大常用制动距离的位置即为随行列车的安全停车点。设 1D 为列车最大常用距离，此段距离设置为红色告警区域，并分别把 12D 和 13D 的距离定义为黄色告警区域和蓝色告警区域。

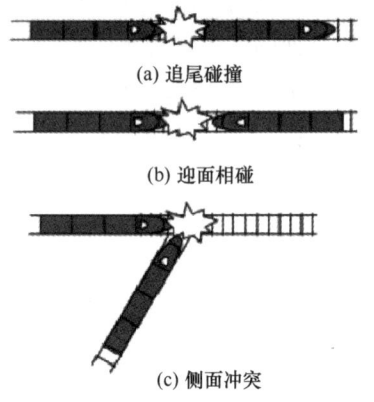

图 9-7 常见列车碰撞方式

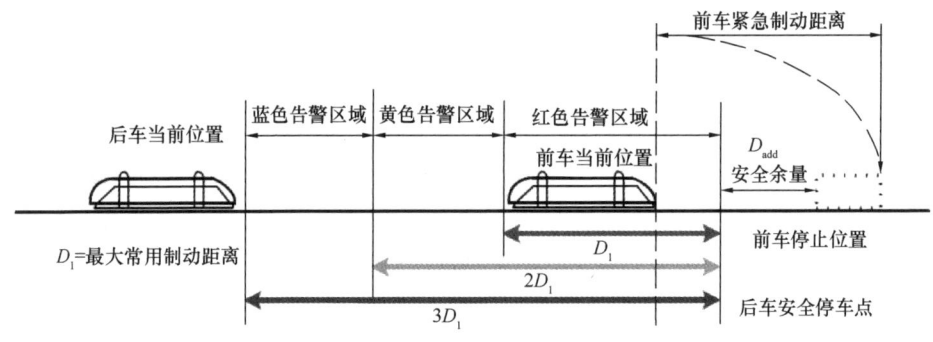

图 9-8 列车接近预警安全举例示意图

二、基于车车通信的列车碰撞防护系统

为提高运输效率并保障运输安全，我国铁路部门已经对列车运行控制系统进行了分级，即 CTCS-0～CTCS-4。其中，CTCS-3 和 CTCS-4 借助 GSM-R 无线网络的无缝冗余覆盖技术，通过车地双向闭环信息传输保证列车安全间隔，但存在过度依赖地面系统且司机自主判断不足的问题。因此，如果在相邻列车间增加车车通信子系统，列车就可以借助车车通信系统，交互前行列车和随行列车的位置和姿态信息；司机可以根据接收的临近列车信息采取合理有效的避碰措施，提升列车安全运行的能力。为此，给出列车碰撞防护系统（collision avoidance system for train，CAS-T）的定义，即基于车车通信技术实现列车间碰撞防护的系

统，可作为既有 CTCS 的补充。在 CTCS-0～CTCS-2 线路上，CAS-T 直接作为车载无线通信装备，基于车车通信技术满足列车碰撞防护需要；在 CTCS-3 和未来 CTCS-4 线路上，CAS-T 可作为车地无线通信通道的补充，即作为 CTCS 的安全叠加备用系统。

三、列车碰撞防护系统设计

CAS-T 实现碰撞防护的核心思想是基于车载设备而不增加额外地面设备，可作为 CTCS 的补充系统叠加在 CTCS 系统之上，综合利用车车通信技术、列车精确位置信息和碰撞防护算法，实现列车碰撞防护预警功能。系统主要包括与既有 CTCS 共享信息的测速定位子系统、车车通信子系统、碰撞防护安全计算机（CAS-T Vital Computer，CAS-T-VC）、电子地图数据库及人机交互子系统五个部分，结构示意如图 9-9 所示。

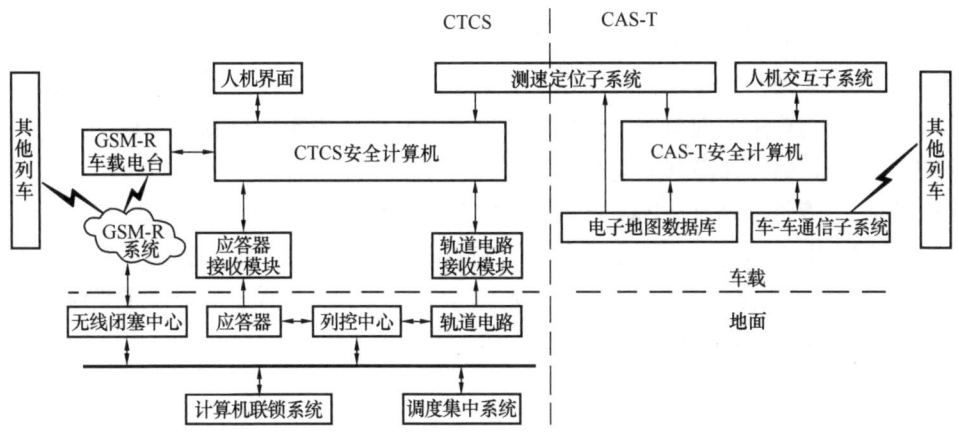

图 9-9　CTCS 叠加 CAS-T 系统结构图

四、列车智能检测系统（TIDS）

TIDS 子系统由 TIDS 主机、人机界面（HMI）显示单元、外围传感器组成。外围传感器包含激光雷达、长焦相机、广角相机，通过几种传感器的配合，识别列车前方的列车、信号机、道岔和其他障碍物等信息。TIDS 主机单元对多种传感器数据进行融合，计算安全运行距离和限制速度，通过 HMI 显示器输出显示并进行声光报警。HMI 作为列车智能检测子系统的人机界面，显示最高限速、前方安全运行距离和列车实时位置等信息。对于列车运行轨道，TIDS 子系统为驾驶员提供 300m 级别距离防护功能，根据实际线路弯道和坡道情况，并通过 HMI 显示器输出显示和声光报警。基于主动检测技术可排除对向运行列车干扰，同时能够根据最新状态检测情况将结果显示在人机界面上。TIDS 子系统功能示意如图 9-10 所示。

在信号系统故障情况下，中心调度员需在第一时间准确获知故障列车位置以

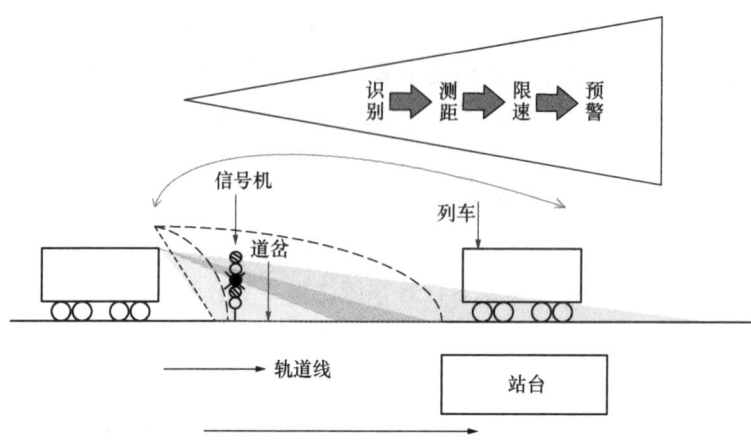

图 9-10　TIDS 子系统功能示意图

及故障列车周围环境情况，以做出正确的运营组织指挥指令。通过 UWB 无线技术可实现在线列车定位；同时 TIDS 子系统采用智能检测设备感知环境并获取数据，通过智能算法实现前车、信号机、道岔及其他障碍物的检测，并根据追踪距离进行报警，辅助保障列车运行安全；通过 APN 公网通信技术，结合运行列车前方的相关障碍物以及现场实际情况，将障碍物信息结合现场图片回传至中心显示子系统，中心调度人员可在第一时间获取现场情况信息。应急控制系统结构如图 9-11 所示，包含 TIDS 子系统、中心显示子系统和 UWB 通信定位子系统，各子系统间相互进行数据传输。

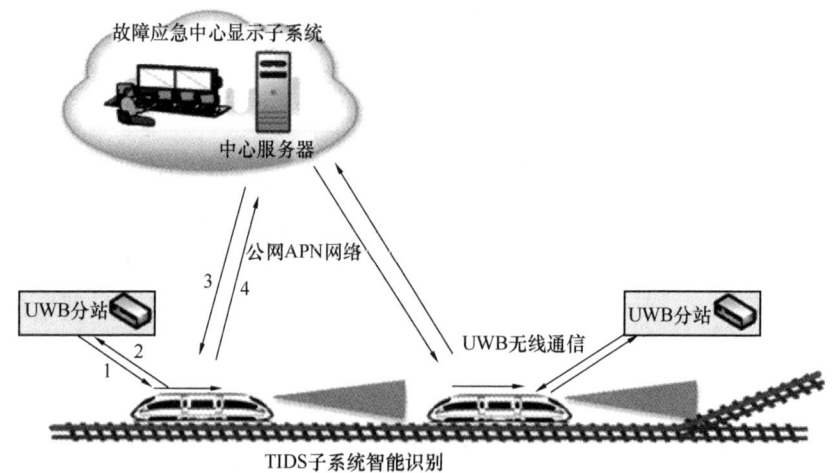

图 9-11　应急控制系统结构示意图

1—UWB 分站→UWB 车卡的通信定位反馈信息传输；2—UWB 车卡→UWB 分站的通信定位控制指令传输；3—中心显示子系统→TIDS 子系统的相关控制命令传输；4—TIDS 子系统→中心显示子系统的智能检测结果、实际现场照片、列车速度、位置等信息传输

第三节 全自动运行系统（Fully Automatic Operation System）

国际公共交通协会 UITP 统计，自 1962 年世界上第一条全自动载客地铁系统在美国开通运行以来，至 2018 年 4 月全球已有 42 个城市开通运营。

一、系统标准

依据国际标准，按照运营人员和系统所承担的列车运行基本功能的责任划分，列车运行的自动化等级（GOA）可划分为 5 级（表 9-1）。

表 9-1 列车运行的自动化等级

自动化等级	列车运行方式
GOA0	目视下列车运行（TOS）
GOA1	非自动列车运行（NTO）
GOA2	半自动列车运行（STO）
GOA3	有人值守下列车运行（DTO）
GOA4	无人值守下列车运行（UTO）

自动化等级中的 UTO 与 DTO 均属于全自动运行系统。值得一提的是，中国城市轨道交通协会根据国内运营实际，在《轨道交通 城市轨道交通运输管理和指令/控制系统 第 1 部分：系统原理和基本概念》（GB/T 32590.1—2016）的基础上提出了 GOA3+ 的概念，即由设备自动完成各项操作但保留车上的乘务人员，其核心是将系统目标由节省人员拓展为全面提升安全与效率。

二、系统组成及功能

全自动运行系统是以整个行车运营组织管理为引导，以无人驾驶功能为基础，以提升全系统安全为导向，能够在生产运营效率和乘客服务水平等方面带来巨大提升，是城市轨道交通走向智能化、智慧化的发展方向。全自动运行系统涉及的关键核心机电系统有信号系统，车辆、站台门系统，综合监控系统和通信系统（图 9-12）等。信号系统涉及行车组织及运营管理，其设备在运营控制中心、车站、轨旁和车辆上均有布置，在整个全自动运行系统中处于主导地位；车辆作为移动平台和乘客旅行运输载体，直接关系到全自动运行能否顺利执行；另外，还需要保证乘客安全乘坐及提供舒适的乘坐体验；综合监控系统提供整个线路和车站机电设施的环境监控，为整个全自动运行提供运营环境保障；站台门与车门共同为乘客提供在站台与列车之间移动的安全保障；通信系统确保全自动运行各机电系统内部或各子系统之间可靠通信，保障数据安全、可靠地进行交互。随着越来越多的全自动运行系统投入大客流公共交通运输骨干网中，对系统可用性的要求也越来越高。为保证系统持续处于良好的工作状态，有必要对全自动运行系统提供全面的监视和维护信息化，所以拥有状态修、专家分析、健康管理等特点的智能运维系统在全自动运行系统中的重要性也在不断提升。

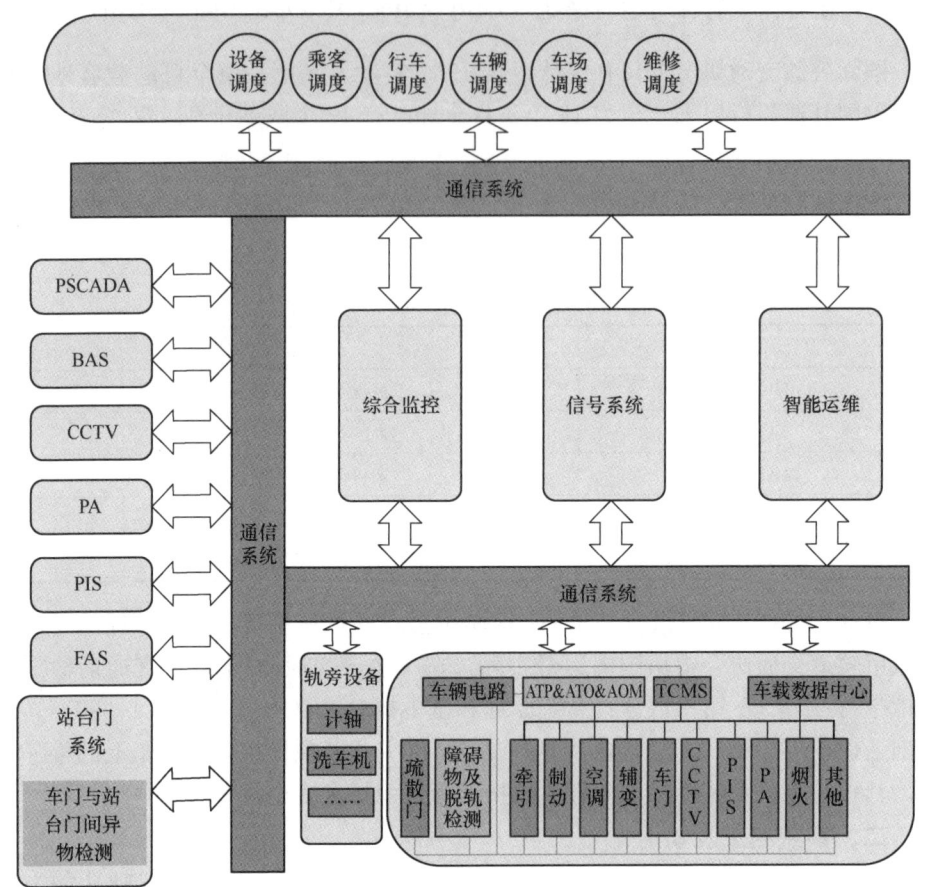

图 9-12 全自动运行核心机电系统

通过全自动运行系统的几大核心机电的控制与联动，全自动运行系统实现的功能主要包括：①列车自动唤醒、综合自检、自动投入正线进行服务、站台精准停车、自动开关车门、自动发车离站、自动折返；②完成运营后自动清客退出正线服务、自动回库、自动休眠、自动洗车；③车载设备故障、车辆火灾等异常情况下的应急响应。

三、场景定义及分类

全自动运行系统的场景文件针对城市轨道交通全自动运行系统运营的全过程进行了全面、准确、详细的描述。场景文件既需要体现运营的理念与需求，又需要反映出系统中的各设备功能和岗位设置的依据以及系统之间联动的逻辑。场景的设计应遵循国内外的相关标准，基于充分的安全分析，符合全自动运行系统的特点，充分发挥出系统的优势，并考虑国内运营需求的特点和系统的兼容性等因素。

以国内首条自主FAO线路北京燕房线为例，其场景分为正常场景和异常场景2类，41个大项点，包括早间上电、唤醒、出库、轧道车运行、进入正线服务、折返换端、再关车门控制等。具体到工程实现上，场景的分类及数量是存在一些差异的，可根据项目需求和实际应用情况对场景内容和数量进行修改。如按照各场景下的参与方和安全防护主体的差别，场景又可细分为正常场景、非紧急降级场景、紧急降级场景3个层次。图9-13为某种运营场景设计思路。

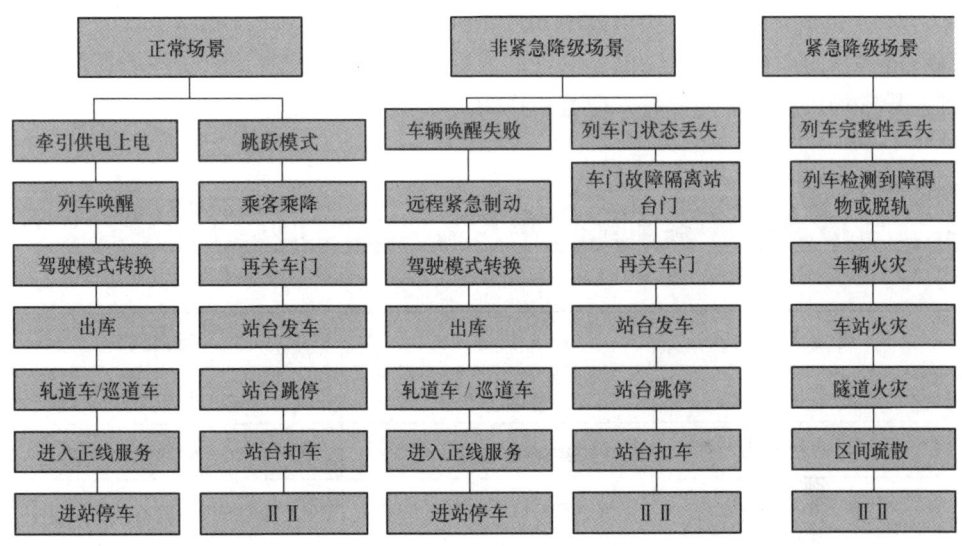

图9-13 一种全自动运行运营场景设计思路图

1. 正常场景

正常场景是指系统在无故障、无意外情况下按照计划正常运行的情形，涵盖了列车一天正常的运营活动，从早间上电唤醒到完成当天运营回库后休眠的全过程，一般包括运营前准备、列车唤醒、出库、正线运行、折返、清客、退出正线服务、洗车、日检和维护、休眠以及控制中心远程监控功能等。除了日检和维护等个别场景必须要工作人员参与外，通常情况下，正常场景下的运营活动不需要人工干预，可由系统自动完成，但根据运营的实际情形的需求，系统支持由控制中心调度人员进行一定程度的干预。

2. 非紧急降级场景

非紧急降级场景一般认为是指因与行车相关的各机电系统内部发生故障或因外部条件的变化导致系统运行偏离运营计划但不直接危及安全的情况。此类场景可包括车辆唤醒失败、站台门故障、车门故障、牵引故障、制动故障、车载网络控制系统故障（蠕动模式）、黏着因数降低（雨雪模式）、列车定位故障、ATO

故障及其他需要控制中心对列车进行远程干预的场景（如关车门、施加紧急制动、故障复位）等。

3. 紧急降级场景

紧急降级场景是指因系统中发生故障或因外部发生突发事件而危及安全并要求立即处置的情况。紧急的异常场景可包括车辆火灾、车站火灾、隧道火灾、救援、乘客触发列车紧急手柄、区间疏散、紧急疏散门打开、列车检测到障碍物或脱轨报警等。总体来说，异常场景是对可能发生的系统内部故障或外部事件的预案。从这个意义上来讲，不可能事先穷尽所有的异常场景，一般以出现的概率较高、危害较为严重的、典型的、共性的或相关标准中已有涉及的一些场景作为基础。异常场景的描述需要有安全分析作为支撑。

专业词汇汉英对照（Glossary）

专业词汇	拼音	英文
列车编队	lièchē biānduì	train formation
碰撞防护系统	pèngzhuàng fánghù xìtǒng	collision avoidance system
全自动运行系统	quánzìdòng yùnxíng xìtǒng	fully automatic operation system

思 考 题（Questions）

1. 什么是轨道电路？请简述其基本概念。
2. 轨道电路的均匀分布参数是什么？
3. 轨道电路可以分为哪几类？
4. 双扼流 25Hz 相敏轨道电路有什么特点？
5. 列举出几种脉冲式轨道电路。
6. 列车编队运行方式的概念是什么？
7. 列车编队通过车站的有哪几种形式？请简要概述。
8. 简要概述车车碰撞防护技术。

拓展阅读（Extensive Reading）

智能川藏铁路的主要技术与系统

智能川藏铁路的主要技术包括智能感知技术、智能传输技术、智能管理技术和智能应用技术，具体工程采用的重要技术如图 9-14 所示。

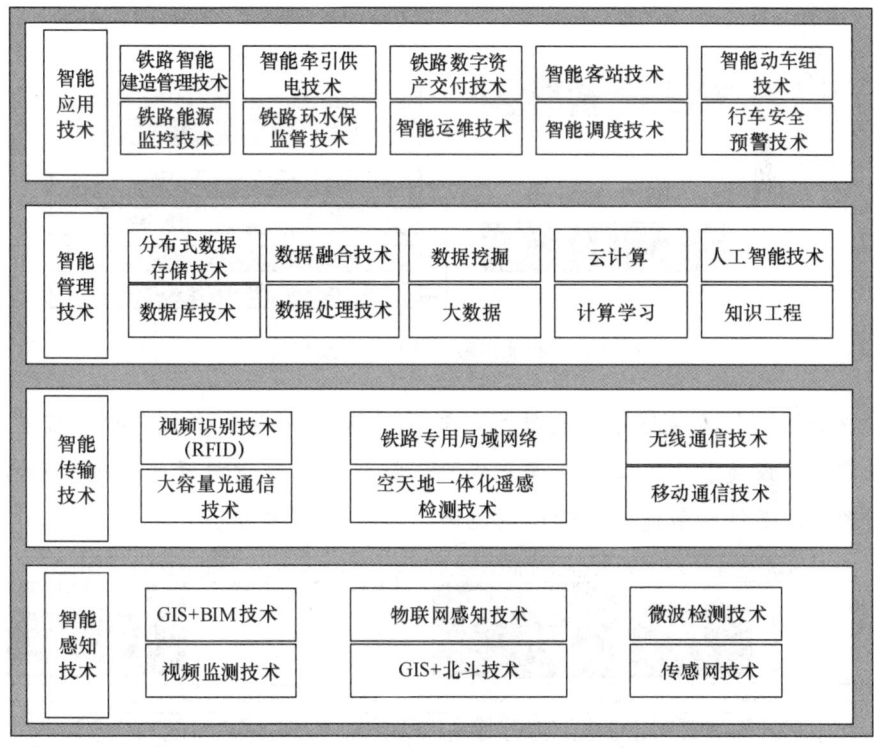

图 9-14　智能川藏铁路主要技术架构图

考虑川藏铁路沿线独特的气候环境和地质条件，结合川藏铁路施工建设的实际情况，针对川藏铁路雅安至林芝段建设智能川藏铁路系统，使铁路建设适应高寒艰险复杂地域环境的需要，保障铁路线路施工作业和运营维护期间的安全，智能川藏铁路系统重点包括川藏铁路智能建造管理系统、智能运营维护系统、智能风险预警系统和智能应急响应系统。整体系统架构如图 9-15 所示。

一、基于 GIS＋BIM 技术的智能建造管理系统

智能建造管理系统就是以 GIS＋BIM 技术为核心，集成运用先进的大数

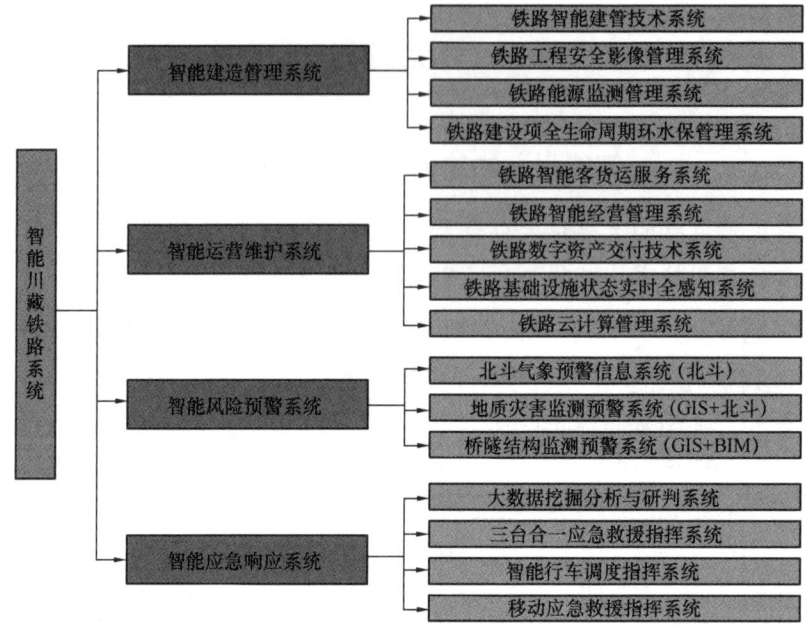

图 9-15 智能川藏铁路整体系统架构图

据、物联网、智能传感等先进技术,实现铁路项目建设过程中的工程进度、基础设施建设质量、施工作业安全保障、铁路项目建设投资的精细化和智能化管理。川藏铁路智能建造管理系统构成如图 9-16 所示。

图 9-16 智能建造系统架构图

综合管理系统由感知层、控制处理层、应用层三层结构组成，层间利用网络进行数据信息的传输。感知层由物联网内的定位装置、视频前端、智能传感器、RFID标签等信息传感设备构成，通过在施工现场安装信息传感设备，可以实时化、不间断地采集、感知、监督、控制建筑"环境及状态信息的变化"，相关参数通过网络汇集至数据库系统中，能够形成连续、可追溯的动态监测记录，这些参数和记录为"静态的BIM模型"提供实时化的数据信息源。控制处理层由集合大数据、云计算和人工智能技术的BIM综合管理平台组成，对感知层传递过来的数据信息继续实时分析、计算和辅助决策，并向应用层的设备发送控制信息。应用层由配备智能穿戴设备的施工人员、数字化智能施工机械和建造机器人等组成，按照控制处理层传来的控制指令信息执行具体施工任务，并将实施状态实时反馈回感知层设备，完成数据信息流的闭环。

作为BIM+物联网综合管理系统的核心部分，在控制处理层，借助于人工智能、大数据和云处理等先进技术对BIM信息数据以及感知层上传的数据信息进行判断、鉴别、分析、判断和决策处理，并将处理方案由物联网推送至智能终端实施。平台的数据处理并不局限在核心计算模块中，而是向感知层和处理层延伸：在感知层，通过植入人工智能训练过的智能算法，对现场实时变化进行预判断和预处理，筛选更加精确有效的信息流上传至数据处理中心；在应用层，同样对相关操作设备植入智能算法，使其在具体实施过程中实时判断现场情况，及时调整工作状态。

二、基于云计算平台的智能运营维护系统

智能运营维护系统就是依托智能铁路大数据云平台和智能铁路大数据应用平台，实现对铁路运营状态的分析预测，对铁路固定基础设施、移动设施设备和铁路内外部环境状态的实时感知，有效提高作业效率，降低运维成本。川藏铁路智能运营维护系统构成如图9-17所示。

三、基于高精度智能传感技术的智能风险预警系统

目前，铁路行业内，灾害监测系统主要实现对铁路沿线风、雨、雪、地震及异物侵限的实时监测，针对川藏铁路特殊地形地貌和地质条件，如崩塌落石、滑坡、泥石流、隧道位移等特殊自然灾害，存在灾害突发性强、影响范围广、轨旁监测点布设条件复杂等特点，传统灾害监测系统仍存在着一定的不适用性。

同时，传统方案中灾害监测点信息回传通常采用光电缆和铁路有线传输网络的方案，此种方式占用线缆资源、依赖线路敷设条件和轨旁通信设备房屋，工程成本较高，且不适用于川藏线复杂的线路地质特征。因此，很有必要利用移动物联网技术重新构建川藏铁路的灾害监测系统。川藏铁路灾害监

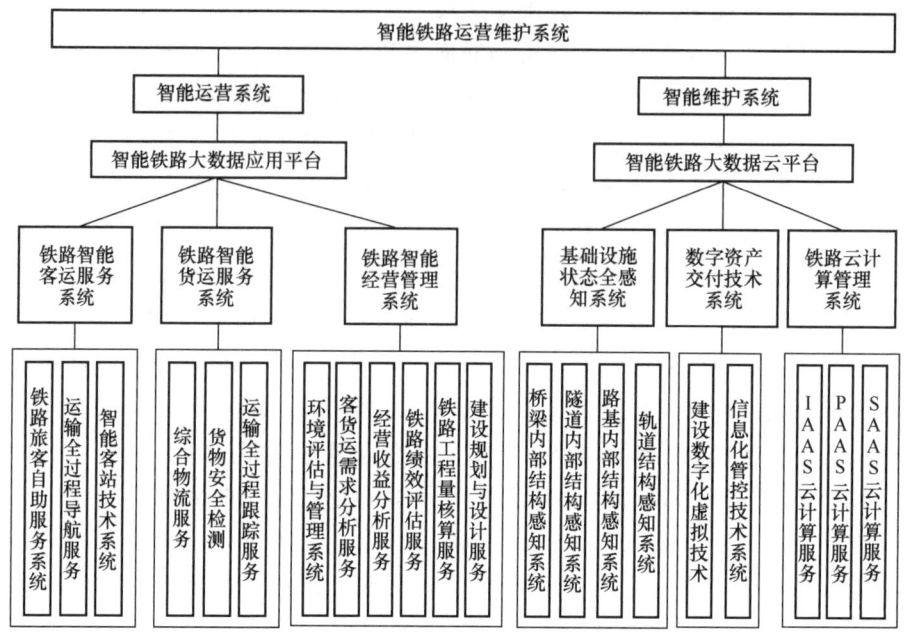

图 9-17　智能铁路运营维护系统架构图

测系统采用"一中心,一张网,泛连接"的整体系统框架,打破传统风、雨、雪等灾害监测子系统的概念,构建底层感知与上层应用解耦的全系统架构。

"一中心"是指在路局所在地建设统一的云平台和数据服务中心,维护管理人员配备终端和云桌面。但如地震监测等与列车控制联动的重要应用系统,可在车站级部署物理服务器,作为车站降级处理使用。其他子系统均采用中心化方案。

"一张网"是指移动物联网。

"泛连接"是指由移动物联网连接的在轨旁部署的感知设施。

系统架构如图 9-18 所示。

通过中心云计算+大数据技术,能够实现对各种监测传感器提供的信息进行综合处理和数据分析,具有空间定位、定性和定量分析的功能;可实时动态地获取信息、处理信息,为减灾救灾提供可靠、高效的服务。

同时,利用川藏铁路沿线泛在部署的各类传感器的监测数据和报警信息,通过分析某一时间周期内,灾害报警次数、影响时长等参数对灾害报警进行规律挖掘,建立灾害分析的大数据模型,预测灾害发生的时间、地点、规模等信息。主要分析大风、暴雨、暴雪、地质灾害、基础设施健康等的时空分布规律,对未来一定时期内灾害发生概率及发展变化趋势进行预测和评估。

四、基于 GIS+北斗技术的空天地一体化智能应急响应系统

智能应急响应系统主要采用 GIS+北斗技术和无人机技术,打造空天地

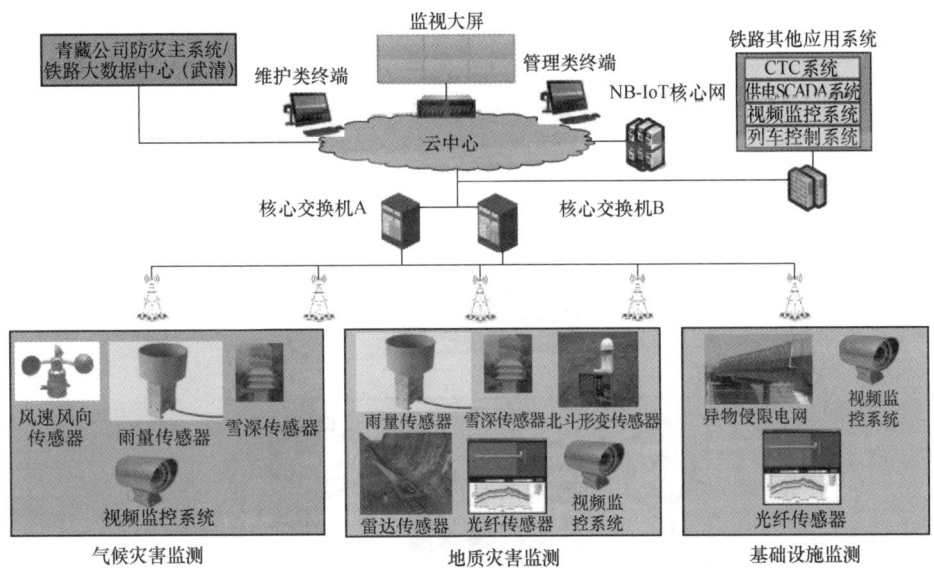

图 9-18　川藏铁路灾害监测及物联网系统架构示意图

一体化的应急救援系统,针对川藏铁路沿线的各种灾害问题,利用多种现代化技术进行科学探测和系统化救援,实现对灾害过程的动态模拟。智能应急响应系统架构如图 9-19 所示。

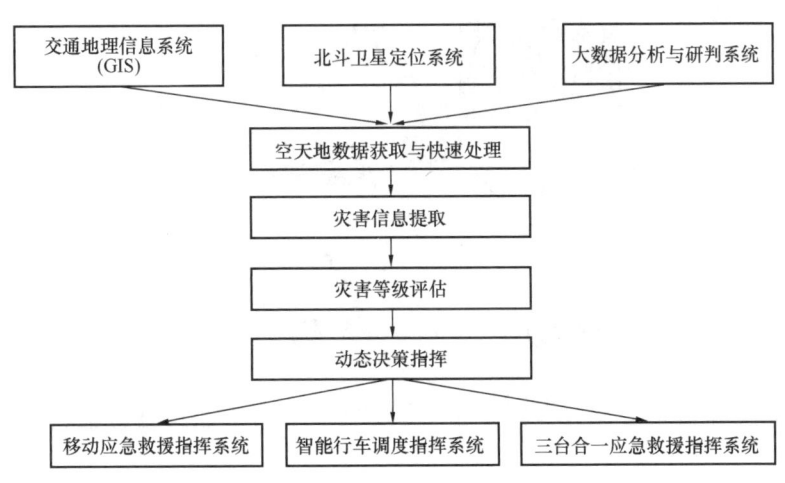

图 9-19　智能应急响应系统架构图

以车人避碰系统为例,在不影响既有 ITCS 系统设备和网络的基础上,调度中心增设现场作业安全防护平台,轨旁作业人员增持现场作业安全防护终端设备,基于 GPS 和 GSM-R 技术的车-人避碰系统如图 9-20 所示。现场作业安全防护平台收集列车位置信息和轨旁作业人员信息，以时间预警模式实时计算并归档列车以当前速度运行到轨旁作业人员所在位置的时间，不同时间段对应不同的预警级别，并通过 GSM-R 系统发送给轨旁作业安全防护终端。轨旁作业安全防护终端接收通过 GSM-R 网络传送过来的预警信息，针对不同的预警报文信息给出相应的预警提示，从而达到防止列车碰撞轨旁作业人员的目的。

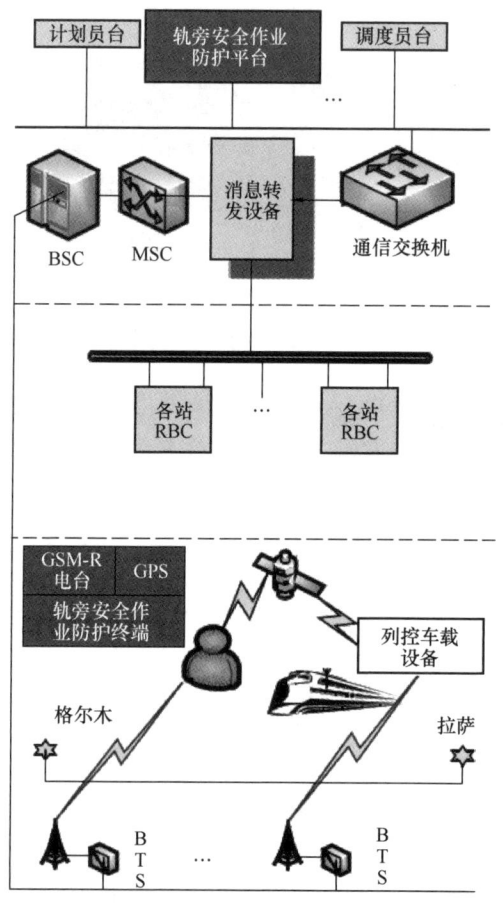

图 9-20　基于 GPS 和 GSM-R 的车-人避碰系统框架

参 考 文 献

[1] 郭进. 铁路信号基础[M]. 北京：中国铁道出版社，2020.
[2] 林瑜筠. 铁路信号基础[M]. 北京：中国铁道出版社，2020.
[3] 林瑜筠. 铁路信号基础[M]. 北京：中国铁道出版社，2019.
[4] 刘玉芝，高静巧. 铁路信号基础[M]. 成都：西南交通大学出版社，2018.
[5] 中国国家铁路集团有限公司工电部. 普速铁路信号设备[M]. 北京：中国铁道出版社，2022.

目 次